大师讲义

名家谈学科

觉知的头脑

丰子恺

夏丏尊 等 ◎ 著

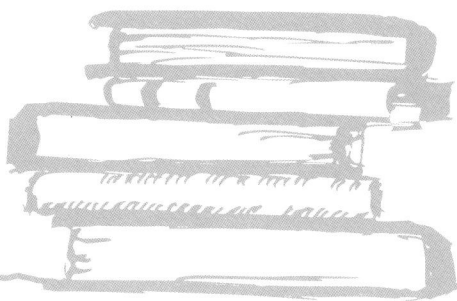

春风文艺出版社

·沈阳·

图书在版编目（CIP）数据

觉知的头脑：名家谈学科/丰子恺等著. -- 沈阳：
春风文艺出版社，2024.10. --（大师讲义）. -- ISBN
978 - 7 - 5313 - 6747 - 5

Ⅰ. G442

中国国家版本馆CIP数据核字第2024JN3550号

春风文艺出版社出版发行

沈阳市和平区十一纬路25号　邮编：110003

辽宁新华印务有限公司印刷

责任编辑：赵亚丹　韩　喆		责任校对：赵丹彤	
封面设计：琥珀视觉		幅面尺寸：145mm × 210mm	
字　　数：135千字		印　　张：6.25	
版　　次：2024年10月第1版		印　　次：2024年10月第1次	
书　　号：ISBN　978-7-5313-6747-5			
定　　价：45.00元			

原　序

　　本年的《中学生》杂志每期刊载关于各科学习方法的指导文字。

　　一年完毕，各科大略齐备。把那几篇文字汇集起来，就成了这一集。

　　各科教本少有讲到学习方法的，翻开封面，第一页便是教材，直到末页还是教材。编辑者的意思以为学习方法就寄托在教材里头，你逐步容受那些教材，也就逐步懂得了学习方法。这当然是一个道理。但是，另外懂得一点学习方法，譬如走路，先经指导，免得东转西回岂不更好？况且，埋头在一科的子目中间，往往会记住了琐碎的各点，而忘却了全体的大要。凡事要置身其中，然后体认得真切；但也要处身其外，然后观察得周遍。各科的学习也是这样。若把完整的某科作为对象，鸟瞰地讨究其学习方法，讨究有所得，再与教材会面，更有"左右逢源"的乐趣。我们根据了这样的见解，才决定在《中学生》杂志刊载关于各科学习方法的指导文字。

各位作者是专家兼有经验的教师，得蒙他们执笔，与其说是我们的荣光，不如说是读者的幸福。

此集出世以后，学生界的学习的能力与效率或将大有进展；更因此集各科略备，其进展将是各科匀称的。这个期望如果能够达到的话，我们自喜劳力并不白费，将更益奋勉呢。

二十年十二月，编者①

---

① 本书初版为1931年12月开明书局出版的《中学名科学习谈》，编者为原《中学生》社。

目 录

夏丏尊

夏丏尊（1886年—1946年），原名铸，浙江绍兴上虞人。作家、教育家。早年留学日本，回国后先后执教于浙江两级师范学堂、上虞春晖中学、上海暨南大学等校。曾任开明书店总编辑、编辑所长，创办立达学园，创办《中学生》等期刊。著有《平屋杂文》等，译作有《爱的教育》等。

关于国文的学习

一　引　言

摆在我面前的题目，是"关于国文的学习"，就是要对中学生诸君谈谈国文的学习法。我虽曾在好几个中学校任过好几年国文科教员，对于这任务，却不敢自信能胜任愉快。因为这题目范围实在太广了，一时无从说起，并且自古迄今，已不知有若干人说过若干的话，著过若干的书，即在现在，诸君平日在国文课里，也许已经听得耳朵要起茧哩。我即使说，也只是些老生常谈而已。

我敢在这里声明，以下所说的不出老生常谈。把老生常谈择要选取，来加以演述，使中学生诸君容易领会，因而得着好处，是我的目的。这目的如果能达到若干，那就是我对于中学生诸君的贡献了。

二 中学生应具的国文能力

国文二字，是无止境的。要谈中学生的国文学习法，先须预定中学生应具的国文程度。有了一定的程度，然后学习才有目标，也才有学习法可言。

诸君是中学生，对于毕业时的国文科的学力，各自做着甚样的要求，我原不知道，想来是必各怀着一种期待的吧。我做了许多年的中学国文教员，对于国文科的学力，会在心中主观地描绘过一个理想的中学生，至今尚这样描绘着。现在试把这理想的人介绍给诸君相识。

他能从文字上理解他人的思想感情，用文字发表自己的思想感情，而且能不至于十分理解错、发表错。

他是一个中国人，能知道中国文化及思想的大概。知道中国的普通成语典辞类，遇不知道时能利用工具书物，自己查检。他也许不能用古文来写作，却能看得懂普通的旧典籍。他不必一定会作诗，作赋，作词，作小说，作剧本，却能知道什么是诗，是赋，是词，是小说，是剧本，加以鉴赏。他虽不能博览古昔典籍，却能知道普通典籍的名称、构造、性质、作者及内容大略。

他又是一个世界上的人，一个20世纪的人，他也许不能直读外国原书，博通他国情形，但因平日的留意，能知道全世界普通的古今事项，知道朱庇特（Jupiter）、阿波罗（Apollo）、维纳斯（Venus）等类名词的出处，知道"三位一体""第三国际"等类名词的意义，知道荷马（Homer），拜伦（Byron）是什么人，知道《神曲》（*The Devine Comedy*）、《失乐园》（*Paradise Lost*）是谁的著作，不会把"梅特林克"误解作乐器中的曼陀铃，把"伯纳特·萧"①误解作是一种可吹的箫！（这是我新近在某中学校中听到的笑话，这笑话曾发生于某国文教员。）

我理想中所期待悬拟的中学毕业生的国文科的程度是这样。这期待也许有人以为太过分，但我自信却不然。中学毕业生是知识界的中等分子，常识应该够得上水平线。具备了这水平线的程度，然后升学的可以进窥各项专门学问，不至于到大学里还要听名词动词的文法，读一篇一篇的选文。不升学的可以应付实际生活，自己补修起来，也才有门径。

现在再试将《中学课程暂行标准》②中所规定的高中及初中的毕业最低限度抄列如下。

（甲）高中国文科毕业最低限度：

（一）曾精读名著六种而能了解与欣赏。

（二）曾略读名著十二种而能大致了解欣赏。

（三）能于中国学术思想文学流变文字构造文法及修辞等有

---

① 即萧伯纳，英国著名作家。编者注。
② 民国十八年即1929年制定颁行。编者注。

简括的常识。

（四）能自由运用语体文及平易的文言文作叙事说理表情达意的文字。

（五）能自由运用最低限度的工具书。

（六）略能检用古文书籍。

（乙）初中国文科毕业最低限度：

（一）曾精读选文，能透彻了解并熟悉至少一百篇。

（二）曾略读名著十二种，能了解大意，并记忆其主要部分。

（三）能略知一般名著的种类、名称，图书馆及工具书籍的使用，自由参考阅读。

（四）能欣赏浅近的文学作品。

（五）能以语体文作充畅的文字，无文法上的错误。

（六）能阅览平易的文言文书籍。

把我所虚拟的中学生的国文程度和暂行标准所规定的中学生国文科毕业最低限度两相比较，似乎也差不多相仿佛。不过暂行标准的规定，把初中高中截分为二，我则泛就了中学生设想而已。

现在试姑把这定为水平线，当作一种学习的目标。那么怎样去达这目标呢？这就是本文所欲说的了。

三　关于阅读

依文字的本质来说，国文的学习途径，普通是阅读与写作二种。阅读就是我在前面所说的"从文字上理解他人的思想感情"的事，写作就是我在前面所说的"用文字发表自己的思想感情"的事。能阅读，能写作，学习文字的目的就已算达到了。

先谈阅读。

"阅读什么？"这是我屡从我的学生及一般青年接到的问题。关于这问题，曾有好几个人开过几个书目。如胡适的《最低限度的国学书目》，梁启超的《国学入门书要目》，此外还有许多人发过不少零碎的意见。但我在这里却不想依据这些意见，因为"国文"与"国学"不同，而且那些书目也不是为现在肄业中学校的诸君开列的。

就眼前的实况说，中学国文尚无标准读本，中学国文课程中的读物，大部分是选文。别于课外由教师酌定若干整册的书籍作为补充。一般的情形既不过如此，当然谈不到什么高远的不合实际的议论。我在本文中只拟先就选文与教师指定的课外书籍加以说述，然后再涉及一般的阅读。

今天选读一篇冰心的小说，明天来一篇柳宗元的游记，再过一日来一篇《史记》列传，教师走马灯式地讲授，学生打着哈欠敷衍，或则私自携别书观览，这是普通学校中国文教室中的一般情形。本文是只对学生诸君说的，教师方面的话，姑且不提，只就学习者方面来说。中学国文课中既以选文为重要干部，占着时间的大部分，应该好好地加以利用。为防止教师随便敷衍计，我以为不妨由学生预先请求教师，定就一学年或半学年的选文系统，决定这学年共约选若干篇文字：内容方面，属于思想的若干篇，属于文艺的若干篇，属于常识或偶发事项的若干篇，属于实用的若干篇；形式方面，属于记叙体的若干篇，属于议论体的若干篇，属于传记或小说的若干篇，属于戏剧或诗歌的若干篇，属于书简或小品的若干篇。（此种预计，只要做教师的不十分撒滥污，照理应该不待学生请求，自己为之。）材料既经定好，对于选文，应该注意切实学习。

我以为最好以选文为中心，多方学习，不要把学习的范围限在选文本身。因为每学年所授的选文，为数无几，至多不过几十篇而已。选文占着国文正课的重要部分，如果于一学年之中，仅就了几十篇文字本身，得知其内容与形式，虽然试验时可以通过，究竟得益很微，不能算是善学者。学到一篇选文，对于其本身的形式与内容，原该首先理解，还须进而由此出发，做种种有关系的探究，以扩张其知识。例如教师今日选授陶潜的《桃花源记》，我以为学习的方面可有下列种种。

（1）求了解文中未熟知的字与词。

（2）求了解全文的意趣与各节各句的意义。

（3）文句之中如有不能用旧有的文法知识说明者，须求得其解释。

（4）依据了此文玩索记叙文的作法。

（5）借此领略晋文风格的一斑。

（6）求知作者陶潜的事略，旁及其传记与别的诗文。最好乘此机会去一翻陶集。

（7）借此领略所谓乌托邦思想。

（8）追求作者思想的时代的背景。

一篇短短的《桃花源记》于供给文法文句上的新知识以外，还可借以知道记叙文的体式、晋文的风格、乌托邦思想的一斑、陶潜的传略、晋代的状况等等。如此以某篇文字为中心，就了有关系的各方面扩张了学去，有不能解决的事项，则翻书查字典或请求教师指导，那么读过一篇文字，不但收得其本身的效果，还可连带了习得种种的知识。较之胡乱读过就算者，真有天渊之差了。知识不是可以孤立求得的，必须有所凭借，就了某一点分头扩张追讨，愈追讨关联愈多，范围也愈广。好比雪球，愈滚愈会加大起来。

以上所说的是对于选文的学习法，以下再谈整册的书的阅读。

整册的书，哪几种应读，怎样规定范围，这是一个麻烦的问题了。我以为中学生的读书的范围，可分下列的几种。

（1）因选文而旁及的。如因读《桃花源记》而去读陶集，读《无何有乡见闻记》[①]（威廉·莫里斯著）；因读司马谈的《论六家要旨》而去读《论语》《老子》《韩非子》《墨子》等等。

（2）中国普通人该知道的。如"四书"、"四史"、"五经"、

---

① 即《乌有乡消息》，1890年英国莫里斯作。编者注。

周秦诸子，著名的唐人的诗、宋人的词、元人的曲、著名的小说、时下的名作。

（3）西方世界所认为常识的。如基督教的《旧约》《新约》，希腊的神话，各国近代代表的文艺名作。

不消说，上列的许多书，要一一全体阅读，在中学生是不可能的。但无论如何，要当作课外读物尽量加以涉猎，有的竟须全阅或精读。举例来说，"四书"须全体阅读，诸子则可选择读几篇，诗与词可读前人选本，《旧约》可选读《创世记》《约伯记》《雅歌》《箴言》诸篇，《新约》可就四福音中择一阅读。无论全读或略读，一书到手时，最好先读序，次看目录，了解该书的组织，知道有若干篇、若干卷、若干分目，然后再去翻阅全书，明白其大概的体式，择要读去。例如读《春秋左传》，先须知道什么叫经，什么叫传，从什么公起至什么公止。读《史记》，先须知道本纪、世家、列传、书、表等等的体式。

近来有一种坏风气，大家读书不喜欢努力于基本的学修，而好做空泛功夫。普通的学生案头有胡适的《中国哲学史大纲》《白话文学史》，顾颉刚的《古史辨》；有《小说作法》，有《欧洲文学史》，有《印度哲学概论》，问他读过"四书"、"五经"、周秦诸子的书吗？不曾。问他读过若干唐宋人的诗词集子吗？不曾。问他读过古代历史吗？不曾。问他读过各派代表的若干小说吗？不曾。问他读过欧洲文艺中重要的若干作品吗？不曾。问他读过若干小乘大乘的经典吗？不曾。这种空泛的读书法，觉得大有纠正的必要。例如胡适的《中国哲学史大纲》原是好书，但在未读过《论语》《孟子》《老子》《庄子》《墨子》等原书的人去读，实在不能得很大的利益。知道了《春秋》《左传》《论语》等原书的大概轮廓，然后去读哲学史中的关于孔子的一部分，读过几篇《庄子》，然后再去翻阅哲学史中的关于庄子的一部分，才会有意义，才会有真利益。先得了孔子、庄子思想的基本的概念，再去讨求关于孔子、庄子思想的评释，才是顺路。用譬喻说，《论语》《春秋》《诗经》《礼记》是一堆有孔的小钱，哲学史的孔子一节，是把这些小钱贯穿起来的钱索子，《庄子》中《逍遥游》《大宗师》等一篇一篇的文字，也是小钱，哲学史中庄子一节是钱索子。没有钱索子，不能把一个个的零乱的小钱，加以串贯整理，固然不愉快，但只有了一根钱索子，而没有许多可贯串的小钱，究竟也觉无谓。我敢奉劝大家，先读些中国关于哲学的原书，再去读哲学史，先读些《诗经》及汉以下的诗集、词集再去读文学史，先读些古代历史书籍，再去读《古史辨》。万一必不得已，也应一壁读哲学史、文学史，一壁翻原书，以求知识的充实。钱索子原是用以串零零碎碎的小钱的，如果你有了钱索子而没有可串的许多小钱，那么你该反其道而行之，去找寻许多的小钱来串才是。

话不觉说得太絮叨了。关于阅读的范围，就此结束，以下试讲一般的阅读方法。

第一是理解。理解又可分两方面来说。（1）关于词句的；

（2）关于全文的。关于词句的理解，不外乎从词义的解释入手，次之是文法知识的运用。词义的解释如不正确，不但读不通眼前的文字，结果还会于写作时露出毛病。因为我们在阅读时收得词义，一经含糊不甚彻底明白，写作时也就不知不觉地施用，闹出笑话来。（笑话的构成，有种种条件。而词义的故意误用，就是重要条件之一。）文字不通的原因，非文法不合即用词与意思不符之故。"名教""概念""观念""幽默"等类名词的误用，是常可在青年所写的文字中见到的，这就可证明他们当把这些名词装入脑中去的时候，并未得到过正当的解释。每逢见到新词新语，务须求得正解，多翻字典，多问师友，切不可任其含糊。

词义的解释正确了，逐句的文句已可通解了，那么就可说能理解全文了吗？尚未。文字的理解，最要紧的是捕捉大意或要旨，否则逐句虽已理解，对于全文，有时仍难免有不得要领之弊。一篇文字，全体必有一个中心思想，每节每段，也必有一个要旨。文字虽有几千字或几万字，其中全文中心思想与每节每段的要旨，却是可以用一句话或几个字来包括的。阅读的人如不能抽出这潜藏在文字背后的真意，只就每句的文字表面支离求解，结果每句是懂了，而全文的真意所在，仍是茫然。本稿纸数有限。冗长的文例，是无法举的，为使大家便于了解着想，略举一二部分的短例如下：

> 当此之时，天下之大，万民之众，王侯之威，谋臣之权，皆欲决于苏秦之策；不费斗量，未烦一兵，未战一士，未绝一弦，未折一矢，诸侯相亲，贤于兄弟。（《战国策》）

"天下之大"以下同形式数句，只是"全世"之意，从有"不"字句起至一连数句"未"什么，只是"不战"二字之意而已。

> 外物不可必，故龙逢诛，比干戮，箕子狂，恶来死，桀纣亡。人主莫不欲其臣之忠，而忠未必信；故伍员流于江，苌弘死于蜀，藏其血，三年而化为碧。人亲莫不欲其子之孝，而孝未必爱；故孝己忧而曾参悲。（《庄子·物外篇》）

这段文字，要旨只是第一句"外物不可必"五字，其余只是敷衍这五字的例证。

> ……大家来至秦氏卧房。刚至房中，便有一股细细的甜香。宝玉此时便觉得眼饧骨软，连说好香。入房向壁上看时，有唐伯虎画的《海棠春睡图》，两边有宋学士秦太虚写的一副对联："嫩寒锁梦因春冷，芳气袭人是酒香。"案上设着武则天当日镜室中设的宝镜，

一边摆着赵飞燕立着舞的金盘，盘内盛着安禄山掷过
伤了太真乳的木瓜，上面设着寿阳公主于台章殿下卧
的宝榻，悬的是同昌公生制的连珠帐……（《红楼梦》
第五回）

把房中陈设写得如此天花乱坠，作者的本意，只是想表出贾家
的富丽与秦氏的轻艳而已。

对于一篇文字，用了这样概括的方法，逐步读去，必能求
得各节各段的要旨，及全文的真意所在，把长长的文字，归纳
于简单的一个概念之中，记忆既易，装在脑子里也可免了乱杂。
用譬喻来说，长长的文字，好比一大碗有颜色的水，我们想收
得其中的颜色，最好能使之凝积成一小小的颜色块，弃去清水，
把小小的颜色块带在身边走。

理解以外，还有所谓鉴赏的一种重要功夫须做，对于某篇
文字，要了解其中的各句各段及全文旨趣所在，这是属于理解
的事。想知道其每句每段或全文的好处所在，这是属于鉴赏的
事。阅读了好文字，如果只能理解其意义，而不能知道其好处，
犹如对了一幅名画，只辨识了些其中画着的人物或椅子、树木
等等，而不去领略那全幅画的美点一样。何等可惜！

鉴赏因了人的程度而不同，诸君于第一年级读过的好文字，
到第二年级再读时，会感到有不同的处所，到毕业后再读，就
会更觉不同了。从前的所谓好处，到后来有的会觉得并不好，

此外别有好的处所，有的或竟更觉得比前可爱。我幼年读唐诗时，曾把好的句加圈。近来偶然拿出旧书来看，就不禁自笑幼稚，发现有许多不对的地方，有好句子而不圈的，有句子并不甚好而圈着的。这种经验，我想一定人人都有，不但对于文字如此，对于书法、绘画乃至对于整个的人生都如此的。

鉴赏的能力既因人而异，因时而异，关于鉴赏，要想说出一个方法来，原是很不容易的事。姑且把我的经验与所见约略写出一二，以供读者诸君参考。

据我的经验，鉴赏的第一条件，是把"我"放入所鉴赏的对象中去，两相比较。一壁①读，一壁自问："如果叫我来说将怎样?"对于文字全体的布局，这样问；对于各句或句与句的关系，这样问；对于每句的字，也这样问。经这样一问，可生出三种不同的答案来：

（甲）与我的说法相合或差不多，我也能说。觉得并没有什么。

（乙）我心中早有此意见，或感想，可是说不出来，现在却由作者替我代为说出了。觉到一种快悦。

（丙）说法和我全不同。觉得格格不相入。

三种之中属于（甲）的，是平常的文字（在读者看来）；属于（乙）的，是好文字。属于（丙）的怎样？是否一定是不好

—————————
① 即一边，一旁。编者注。

的文字？不然。如前所说，鉴赏因人而不同，因时而不同，所鉴赏的文字与鉴赏者的程度如果相差太远，鉴赏的作用就无从成立。"仁者见仁""智者见智""英雄识英雄"，是相当可信的话。诸君遇到属于（丙）类的文字时，如果这文字是平常的作品，能确认出错误的处所来，那么直斥之为坏的不好的文字，原无不可。倘然那文字是有定评的名作，那就应该虚心反省，把自己未能同意的事，暂认为能力尚未到此境地，益自奋励。这不但文字如此，书法、绘画，无一不然。康有为、沈寐叟的书法，是有定评的，可是在市侩却以为不如汪洵的好，最近西洋立体派、未来派的画，在乡下土老看来，当然不及曼陀、丁悚的月份牌仕女画来得悦目。

　　鉴赏的第二要件是冷静。鉴赏有时称"玩赏"，诸君在厅堂上挂着的画幅上，他人手中有书画的扇面上，不是常有见到某某先生"清玩"，或"雅鉴""清赏"等类的字样吗？"玩"和"鉴"与"赏"有关。这"玩"字大有意味。普通所谓"玩"者，差不多含有游戏的态度，就是"无所为而为"，除了这事的本身以外，别无其他目的的意味。读小说时，如果急急要想知道全体的梗概，热心地"未知以后如何且看下回分解"地急忙读去，虽有好文字，恐也无从玩味，看不出来，第二次第三次再读，就不同了。因为这时对于全书梗概已经了然，不必再着急，文字的好歹，也因而容易看出。将我自己的经验当作例子来说，《红楼梦》第三回中黛玉初到贾府与宝玉第一次见面时，写道：

> ……宝玉看毕笑道："这个妹妹我曾见过的。"贾
> 母笑道："可又是胡说，你何曾见过他。"宝玉笑道：
> "虽然未曾见过他，然看着面善，心里倒像是旧相识，
> 恍若远别重逢一般。"

　　我很赞赏这段文字。因为这一对男女主人公，过去在三生石上赤霞宫中有着那样长久的历史，以后还有许多纠葛，在初会见时，做宝玉的恐怕除了这样说，别无更好的说法的了。故可算得是好文字。可是我对于这几句文字的好处，直到读了数遍以后才发现。（《红楼梦》我曾读过十次以上。）这是玩味的结果，并不是初读时就知道的。

　　好的作品至少要读二遍以上。最初读时，不妨以收得梗概、了解大意为主眼，再读时就须留心鉴赏了。用了"玩"的心情，冷静地去对付作品，不可再囫囵吞咽，要仔细咀嚼。诗要反复地吟，词要低回地诵，文要周回地默读，小说要耐心地细看。

　　把前人鉴赏的结果，拿来做参考，足以发达鉴赏力。读词读诗，不感兴趣的，不妨去择一部诗话或词话读读，读小说不感兴趣的，不妨去一阅有人批过的本子。诗话、词话、文评、小说评，是前人鉴赏的记录，能教示我们以诗词文或小说的好处所在，大足为鉴赏上的指导。举例来说：《水浒》中写潘金莲

调戏武松的一节，自"叔叔万福"起至"叔叔不会簇火，我与叔叔拨火，要似火盆常热便好"，一直数十句谈话都称"叔叔"，下文接着写道："那妇人……便放了火箸，却筛一盏酒来自呷了一口，剩了大半盏看着武松道：'你若有心吃了这半盏儿残酒。'"金圣叹在这下面批着："写淫妇便是活淫妇"，"以上凡叫过三十九个叔叔，忽然换作一你字，妙心妙笔"。

这"叔叔"与"你"的突然的变化，其妙处在普通的读者也许不易领会，或者竟不能领会，但一经圣叹点出，就容易知道了。

但须注意，前人的诗话、词话、文评、小说评，是前人鉴赏的结果，用以帮助自己的鉴赏能力则可；自己须由此出发，更用了自己的眼识去鉴赏，切不可为所拘执。前人的鉴赏法，有好的也有坏的。特别是文评，从来以八股的眼光来评文的甚多，什么"起承转合"，什么"来龙""去脉"，诸如此类，从今日看去，实属可哂，用不着再去蹈袭了。

四 关于写作

从古以来，关于作文，不知已有过多少的金言玉律。什么"推敲"咧，"多读多作多商量"咧，"文以达意为工"咧，"文必己出"咧，诸如此类的话，不遑枚举，在我看来，似乎都只是大同小异的东西，举一可概其余的。例如"推敲"与"商量"

固然差不多，再按之，不"多读"，则识词不多，积理不丰，也就无从"商量"，无从"推敲"，因而也就无从"多作"了。因为"作"不是叫你随便地把"且夫天下之人"瞎写几张，乃是要作的。至于"达意"，仍是一句老花头，唯其与"意"尚未相吻合，尚未适切，故有"推敲""商量"的必要，"推敲""商量"的目的，无非就在"达意"而已。至于"文必己出"亦然。要达的是"己"的意，不是他人的意，自己的意要想把它达出，当然只好"己出"，不能"他出"，又因要想真个把"己"达出，"推敲""商量"的功夫就不可少了。此外如"修辞立其诚"咧，"文贵自然"咧，也都可做同样的解释，只是字面上的不同罢了。佛法中有"一即一切""一切即一"的话，我觉得从古以来古人所遗留下来的文章诀窍亦如此。

我曾在本稿开始时声明，我所能说的只是老生常谈。关于写作，我所能说的更是老生常谈中之老生常谈。以下我将从许多老生常谈中选出若干适合于中学生诸君的条件，加以演述。

关于写作，第一可发生的问题是"写作些什么"，第二是"怎样写作"。

现在先谈"写作些什么"。

先来介绍一个笑话：从前有一个秀才，有一天伏在案头做文章，因为做不出，皱起了眉头，唉声叹气，样子很苦痛。他的妻在旁嘲笑了说："看你做文章的样子，比我们女人生产还苦呢！"秀才答道："这当然！你们女人的生产是肚子里先有东西的，还不算苦。我的做文章，是要从空的肚子里叫它生产出来，那才真是苦啊！"真的，文章原是发表自己的思想感情的东西，要有思想感情才能写得出来，那秀才肚子里根本空空的没有货色，却要硬做文章，当然比女人生产要苦了。

照理，无论是谁，只要不是白痴，肚子里必有思想感情，决不会是全然空虚的。从前正式的文章是八股文，八股文须代圣人立言，《论语》中的题目，须用孔子的口气来说，《孟子》中的题目，须用孟子的口气来，说那秀才因为对于孔子、孟子的化装，未曾熟悉，肚子里虽也许装满着目前的"想中举人"咧，"点翰林"咧，"要给妻买香粉"咧，以及关于柴米油盐等琐屑的思想感情，但都不是孔子、孟子所该说的，一律不能入文，思想感情虽有而等于无，故有做不出文章的苦痛。我们生当现在，已不必再受此种束缚，肚子里有什么思想感情，尽可自由发挥，写成文字。并且文字的形式，也不必如从前的要有定律，日记好算文章，随笔也好算文章。作诗不必限字数，讲对仗，也不必一定用韵，长短自由，题目随意。一切和从前相较，真是自由已极的了。

那么凡是思想感情，一经表出，就可成为文章了吗？这却也没有这样简单。当我们有疾病的时候，"我恐这病不轻"是一种思想的发露，但写了出来，不好就算是文章。"苦啊！"是一种感情的表示，但写了出来也不好算是文章。文章的内容是思想感情，所谓思想感情，不是单独的，是由若干思想或感情复合而成的东西。"交朋友要小心"不是文章，以此为了中心，把"所以要小心""怎样小心法""古来某人曾怎样交友"等等的思想组织地系统地写出，使它成了某种有规模的东西，才是文章。"今天真快活"不是文章，把"所以快活的事由""那事件的状况"等等记出，写成一封给朋友看的书信或一首自己看的日记，才是文章。

　　文章普通有两种体式，一是实用的，一是趣味的。实用的文章，为处置日常的实际生活而说，通常只把意思（思想感情）老实简单地记出，就可以了。诸君于年假将到时，用明信片通知家里，说校中几时放假，届时叫人来挑铺盖行李咧，在拍纸簿上写一张向朋友借书的条子咧，以及汇钱若干叫书店寄书册的信咧，拟校友会或寄宿舍小团体的规约咧，都是实用文。至于趣味的文章，是并无生活上的必要的，至少可以说是与个人眼前的生活关系不大，如果懒惰些，不作也没有什么不可。诸君平日在国文课堂上所受到的或自己想做的文章题目，如"同乐会记事"咧，"一个感想"咧，"文学与人生"咧，"悼某君之死"咧，"个人与社会"咧，小说咧，戏剧咧，新诗咧，都属于这一类。这类文章，和个人实际生活关系很远，世间尽有不做这类文章，每日只写几张似通非通的便条子，或实务信，安闲地生活着的人们。在中国的工商社会中，大部分的人就都如此。这类文章，用了浅薄的眼光从实生活上看来，关系原甚少，但一般地所谓正式的文章，大都属在这一类里。我们现今所想学习的（虽然也包括实用文），也是这一类。这是什么缘故呢？原来人有爱美心与发表欲，迫于实用的时候，固然不得已地要利用文字来写出表意，即明知其对于实用无关，也想把其五官所接触，心所感触的写出来示人，不能自已。这种欲望，是一切艺术的根源，应该加以重视。学校中的作文课，就是为使青年满足这欲望，发达这欲望而设的。

话又说远去了，那么究竟写作些什么呢？实用的文章，内容是有一定的，借书只是借书，约会只是约会，只要把意思直截简单地写出，无文法上的错误，不写别字，合乎一定的格式就够了，似乎无须多说。以下试就一般的文章，来谈"写作些什么"。

秀才从空肚子里产出文章，难于女人产小孩。诸君生在现代，不必抛了现在自己的思想感情，去代圣人立言，肚子决无空虚的道理。"花的开落""月的圆缺""父母的爱""家庭的悲欢""朋友的交际"，都在诸君经验范围之内，"国内的纷争""生活的方向""社会的趋势""物价的高下""风俗的变更"，又为诸君观想所系。材料既无所不有，教师在作文课中，更常替诸君规定题目，叫诸君就题发挥，限定写一件什么事或谈一件甚么理。这样说来，"写作些什么"在现在的学生似乎是不成问题了的。可是事实却不然。所谓写作，在某种意味上说，真等于母亲生产小孩。我们肚里虽有许多的思想感情，如果那思想感情未曾成熟，犹之胎儿发育未全，即使勉强生了下来，也是不完全的无生命的东西。文章的题目，不论由于教师命题，或由于自己的感触，要之只不过是基本的胚种，我们要把这胚种多方培育，使之发达，或从经验中收得肥料，或从书册上吸取阳光，或从朋友谈话中供给水分，行住坐卧，都关心于胚种的完成。如果是记事文，应把那要记的事物，从各方面详加观察。如果是叙事文，应把那要叙的事件的经过，逐一考查。如果是议论文，应寻出确切的理由，再从各方面引了例证，加以证明，使所立的断案坚牢不倒。归结一句话，对于题目，客观地须有确实丰富的知识（记叙文），主观地须有自己的见解与感触（议论文、感想文）。把这些知识或见解与感触打成一片，结为一团，这就是"写作些什么"问题中的"什么"了。

有了某种意见或欲望，觉得非写出来给人看不可，于是写成一篇文章，再对于这文章附加一个题目上去。这是正当的顺序。至于命题作文，是先有题目后找文章，照自然的顺序说来，原不甚妥当。但为防止抄袭计，为叫人练习某一定体式的文字计，命题却是一种好方法。近来学校教育上大多数也仍把这方法沿用着，凡正课的作文，大概由教师命题，叫学生写作。这种方式，对于诸君也许有多少不自由的处所，但善用之，也有许多利益可得。（1）因了教师的命题，可学得捕捉文章题材的方法；（2）可学得敏捷搜集关系材料的本领；（3）可周遍①地养

---

① 即全面。编者注。

成各种文体的写作能力。写作是一种郁积的发泄，犹之爆竹的遇火爆发。教师所命的题目，只是一条药线，如果诸君是平日储备着火药的，遇到火就会爆发起来，感到一种郁积发泄的愉快，若自己平日不随处留意，临时又懒去搜集，火药一无所有，那么遇到题目，只能就题目随便勉强敷衍几句，犹之不会爆发的空爆竹，虽用火点着了药线，只是刺的一声，把药线烧毕就完了。"写作些什么"的"什么"，无论自由写作，或命题写作，只靠临时搜集，是不够的。最好是预先多方注意，从读过的书里，从见到的世相里，从自己的体验里，从朋友的谈话里，广事吸收。或把它零零碎碎地记入笔记册中，以免遗忘，或把它分了类各各装入头脑里，以便触类记及。

再谈"怎样写作"。

关于写作的方法，我在这里不想对诸君多说别的，只想举出很简单的两个标准。（1）曰明了；（2）曰适当。写作文章目的，在将自己的思想感情，传给他人。如果他人不易从我的文章上看取我的真意所在，或看取了而要误解，那就是我的失败。要想使人易解，故宜明了，为防人误解，故宜适当。我在前面曾说过：自古以来的文章诀窍，虽说法各各不同，其实只是同一的东西。这里所举的"明了"与"适当"，也只是一种的意义，因为不"明了"就不能"适当"，既"适当"就自然"明了"的，为说明上的便利计，故且把它分开来说。

明了宜从两方面求之。（1）文句形式上的明了；（2）内容意义上的明了。

文句形式上的明了，就是寻常的所谓"通"。欲求文句形式上的明了，第一须注意的是句的构造和句与句间的接合呼应。句的构造如不合法，那一句就不明了；句与句间的接合呼应如不完密，就各句独立了看，或许意义可通，但连起来看去，仍然令人莫名其妙。这样的例子，举不胜举。例如：

> 发展这些文化的民族，当然不可指定就是一个民族的成绩，既不可说都是华族的创造，也不可说其他民族毫不知进步。

这是某书局出版的初中教本《本国历史》①中的文字，首句的"民族"与次句的"成绩"，前后失了照应，"不可说"的"可"字，也有毛病。又该书于叙述黄帝与蚩尤的战争以后，写道：

> 这种经过，虽未必全可信，如蚩尤的能用铜器，似乎非这时所知。不过，当时必有这样战争的事实，始为古人所惊异而传演下来，况且在农业初期人口发展以后，这种冲突，也是应有的现象。

———————

① 应为1933年中国文库出版图书。编者注。

这也是在句子上及句与句间的接合上有毛病文字。试再举一例：

> 我们应当知道，教育这件事，不单指学校课本而言，此外更有所谓参考和其他课外读物。而且丰富和活的生命，大概是后者而不是前者所产生的。

这是某会新近发表的《读书运动特刊》中《读书会宣言》里的文字。似乎词句上也含着许多毛病。上二例的毛病在哪里呢？本稿篇幅有限，为避麻烦计，恕不一一指出，诸君可自己寻求，或去请问教师。

初中的《历史教本》会不通，《读书会宣言》会不通，不能不说是"奇谈"了，可是事实竟这样！足见通字的难讲。一不小心，就会不通的。我敢奉劝诸君，从初年级就把简单的文法（或语法）学习一过，对于词性的识别及句的构造法，具备一种概略的知识。万一教师在正课中不授文法，也得在课外自己学习。

句的构造和句与句间的接合呼应，如果不明了，就要不通。明了还有第二方面，就是内容意义上的明了。句的构造合法了，句与句间的接合呼应适当了，如果那文字可做两种的解释（普通称为歧义），或用词与其所想表示的意义不确切，则形式上虽已完整，也仍不能算是明了。

无美学的知识的人，怎能做细密的绘画的批评呢？

这是有歧义的一例。"细密的绘画"的批评呢，还是细密的"绘画的批评"？殊不确定。

用辅导方法，使初级中学学生自己获得门径，鉴赏书籍，踏实治学。（读"文"，作"文"，体察"人间"）

这是某书局《初中国文教本编辑要旨》中的一条，可以作为用词与其所想表示的意义不确切的例子。"鉴赏书籍"，这话看去好像收藏家在玩赏宋版书与明版书，或装订作主人在批评封面制本上的格式哩。我想，作者的本意，必不如此。这就是所谓用词不确切了。"踏实治学"一句，"踏实"很费解，说"治学"，陈义殊嫌太高。此外如"体察人间"的"人间"一语，似乎也有可商量的余地。

内容意义的不明了，由于文词有歧义与用词不确切。前者可由文法知识来救济，至于后者，则须别从各方面留心。用词确切，是一件至难之事。自来名文家都曾于此煞费苦心。诸君如要想用词确切，积极的方法是多认识词，对于各词具有敏感，在许多类似的词中，能辨知何者范围较大，何者较小，何者最狭，何者程度最强，何者较弱，何者最弱。消极的方法，是不在文中使用自己尚未十分明知其意义的词。想使用某一词的时候，如自觉有可疑之处，先检查字典，到彻底明白然后用入。否则含混用去，必有露出破绽来的时候的。

以上所说是关于明了一方面的，以下再谈到适当。明了是形式上与部分上的条件，适当是全体上态度上的条件。

我们写作文字，当然先有读者存在的预想的，所谓好的文字，就是使读者容易领略、感动、乐于阅读的文字。诸君当执笔为文的时候，第一，不要忘记有读者；第二，须努力以求适合读者的心情，要使读者在你的文字中得到兴趣或快悦，不要使读者得着厌倦。

文字既应以读者为对象，首先须顾虑的是：（1）读者的性质；（2）作者与读者的关系；（3）写作这文的动机；等等。对本地人应该用本地话来说，对父兄应自处子弟的地位。如写作的动机是为了实用，那么用不着无谓的修饰，如果要想用文字煽动读者，则当设法加入种种使人兴奋的手段。文字的好与坏，第一步虽当注意于造句用词，求其明了，第二步还须进而求全体的适当。对人适当，对时适当，对地适当，对目的适当。一不适当，就有毛病。关于此，日本文章学家五十岚力氏有"六W说"，所谓六W者：

（1）为什么作这文？（Why）

（2）在这文中所要述的是什么？（What）

（3）谁在作这文？（Who）

（4）在什么地方作这文？（Where）

（5）在什么时候作这文？（When）

（6）怎样作这文？（How）

归结起来说，就是"谁对了谁，为了什么，在什么地方，什么时候，用了什么方法，讲什么话"。

诸君作文时，最好就了这六项逐一自己审究。所谓适当的文字，就只是合乎这六项答案的文字而已。我曾取了五十岚力氏的意思作过一篇《作文的基本的态度》，附录在《文章作法》（开明书店出版）里，请诸君就以参考。这里不详述了。

本稿已超过预定的字数，我的老生常谈也已絮絮叨叨地说得连自己都要不耐烦了。请读者再忍耐一下，让我附加几句最重要的话，来把本稿结束吧。

文字的学习，虽当求之于文字的法则（上面的所谓明了，所谓适当，都是法则），但这只是极粗浅的功夫而已。要合乎法则的文字，才可以免除疵病。这犹之书法中的所谓横平竖直，还不过是第一步。进一步的，真的文字学习，须从为人着手。"文如其人"，文字毕竟是一种人格的表现，冷刻的文字，不是浮热的性质的人所能模效的，要作细密的文字，先须具备细密的性格。不去从培养本身的知识情感意志着想，一味想从文字上去学习文字，这是一般青年的误解。我愿诸君于学得了文字的法则以后，暂且抛了文字，多去读书，多去体验，努力于自己的修养，勿仅仅拘执了文字，在文字上用浅薄的功夫！

周予同

周予同（1898年—1981年），原名毓懋，浙江瑞安人，曾任厦门大学教员，商务印书馆编辑，安徽大学中文系主任兼文学院院长，暨南大学教授、史地系主任兼南洋研究馆主任，开明书店编辑，复旦大学史地系（现历史系）教授，中国科学院上海历史研究所副所长等职。

历史学习的途径与工具

我不是所谓历史"专家",也不是所谓历史"学者",年来所以由别种学术趣味转移到历史方面,只因为看不惯中国社会所发生的颠颠倒倒的事实,想从中国历史中寻求它的因果,以平抒自己的无谓的客气,得到一点自己可以努力的处所。这样一个客串的历史的玩弄者,本不配执笔做那样严重的题目,尤其是当中国现在"专家狂""学者热"的时候。然而《中学生》的主编者似乎有点阿其所好,偏要看上这个客串者,要他出一回丑。现在只得就主编者所出的试题和诸位谈谈。

一 合作地研究—历史学会—历史教室

诸位是有福气的上学的青年,——虽然诸位的福气的获得是否合理是一大疑问——你们大概进了一所所谓中学校;你们的学校里大概依了功令定有历史的课程，又大概因为有这课程才聘请了一位历史教师；你们的历史教师又大概因为担任时间太多，过于辛苦，不得已地或习惯地采用了一本书坊出版的历史教科书来教授你们。我现在就这样推想出来的环境下的青年学生做对象。开始我的谈话。

假使你们的学校因为经费支绌①，或者你们的校长高兴将经费用在所谓"办公费"或"职员薪俸"上，使你们的学校图书馆贫乏到只有一部《人名大辞典》或一部不完全的《资治通鉴》的时候，那你们的唯一的知识藏库只有你们的历史教师了。然而，教师是人不是神；他不能全知全能，而且他因为生活太不安定，担负过于繁重，对于这几十个人合为一个班级的你们也自然有照顾不到的时候。所以假使你们想要利用这侥幸获得的上学的福气来求点真实的学问的话，那你们应该帮助你们的教师，同时这就是帮助你们自己。所谓帮助，就我的直觉的观察，第一是不要使你们的教师弄得满头大汗在那里唱滩簧或说书。你们应该与你们的教师及同学合作，对于中国史或世界史一科先有一个平均的妥善的预算。在这个预算里，你们应该按期就指定的或协议定的教材做一次比较像样的预习。字音、字义、人名、地名、年号等等，自己可以应用工具书来查检的，来解决的，最好自己动手，不要在教室里询问教师，使那宝贵的教

---

① chù，即不够，不足。编者注。

学时间不经济地使用去。假使你们觉得教师学问渊博、观察锐敏的话，那你们应该将他的补充的或发挥的话迅速地笔记下来。——你们最好预备一本专记历史的笔记簿。——专门在黑板上抄书的，不是理想的教师；同样，只会抄教师在黑板上所写的札记的，也不是理想的学生。理想的学生应该能够把捉住教师谈话的核心，把它迅速地笔记下来。假使你们的教师懂得新的教学法，有时向你们提出问题，或请你们校正同学的见地，你们应该系统地简洁地表示你们自己的意见；默默地坐着，或是腹诽或是暗笑那回答的同学，这不仅妨碍了自身知识的增长，而且破坏了集团道德，是非常不应当的。假使你们的教师只会依着书本叙说，那你们应该联合几位同学，向教师提出疑问讨论，甚至进一步要求教师改变他的教授法。总之，你们应该使教室的空气成为热的、紧张的，而不要使它变为冷的、呆滞的；你不当是一位专听教师说书的玩赏者，而当是参加历史教室研究的一位活跃的分子。在历史研究的历程中，有时因为过于潜心，或过于兴奋，研究者甚至会幻化为过去历史的人物，在头脑中重演过去的史实；这种高度的学问兴趣，我希望你们永远尝味着。

我曾经说过，教师是人不是神，所以第二，我以为你们应该帮助教师，扩大他的教学的力量。这帮助的方法，各人可就自己学校的环境去妥善地设计，本不必一件件地说明；但也有一般可以采用的，现在无妨就主观的见地略举一二为例。最容易的，是以全校历史教师为中心，组织一个历史学会或史地学会。有这学会，你们学习历史的机会可以增加得不少。如果你们的学校在都市里，那地方时常有历史学者或自身是现代史中的人物的人经过，不妨请他们来讲演或报告。这并非为你们的校长装面子，或是写在报告册上向上级教育行政机关献功，而是补助你们历史教师的力量，扩充你们教室历史的知识。如果你们的学校在穷乡僻壤，那你们也不必灰心，你们可以向书籍方面多量地发展。你们可以在学会中成立一个读史会，精选你们能够了解而且应该了解的书籍，有系统地有计划地去阅读。阅读以后，应该分期地开会，请同学们依次报告，而结束以有价值的批评。如果你们自己觉得能力充分，或是教师善于设计，更可以进一步成立史料研究会或现代史料搜讨会。乡土的文献，现代的史实，以及一切日常生活的记录，如在一位富于史识而善于搜集、排比、驱遣史料的历史教师指导之下，中学生未见得不是史学著作的理想助手！

其次，学会以外，我以为值得提倡的，是怂恿历史教师或学校主持人成立历史教室。近年来，比较进步的中学校，每每设备有理化教室、手工教室、音乐教室，但史地教室的名称迄未出现。一般的学校，上历史科是与上国文科一样的只有几排板凳长桌，历史教师能够向会计或庶务科①职员的腰包内挖点余

---

① 旧时用法，指各种政务、杂事办理的部门。编者注。

款买些挂图或名人像，已算竭装饰之能事；青年学生们只会在饭厅里发挥其公子小姐的脾气丢打盘碗，只会在寝室里偷偷地盯着恶劣的月份牌式的美女图，对于"空空如也"的历史教室却一点也不感觉得不安。这实是中国现代学校教育整个的耻辱。数年前，我曾经参观日本一所中学校，它不仅有特设的史地教室，而且教室的后面毗连一间同样宽大的储藏室。这里面满储着实物、模型、图表以及幻灯等等。单就图表而言，关于中国方面，其繁多与详密真使我们不仅惭愧而且恐惧。自然，我们民穷财尽，无法与新兴的国家并论；但学校当局、教师，尤其是诸位同学，竟任你们的历史教室永远只留存几排板凳长桌，真是无法了解的了。关于历史教室的设计，自然还有许多的话可说，但是我不愿专门描写自己头脑里的空想，所以不再说下去了。如果你们的学校历史教室已经成立，那么你们可以再进一层，联合为博物院设置运动，促进文化行政机关主持者的决心，免致这种运动始终作为出卖文化膏药者的口头资料。

二 多看几种教科书

你们研究历史，教师之外，第二个的法宝，当然要算教科书了。说到教科书，这问题更复杂了。依据我现在的直觉，我以为中学校不应当采用一种历史教科书，至少也应以一种历史教科书为主而以别几种历史教科书为辅。这主张的理由，第一，因为历史本身是一种社会科学，在现在社会科学的发展情形之下，历史无法与物理、化学等自然科学同样地正确。无论历史教科书的编撰者如何的郑重公允，总不免有他自己的观点或偏见。这观点或偏见固有时也可以给诸位以研究历史的途径，但有时也能给诸位以不良的影响。多用几种教科书来比较研究，自然可以去掉偏见而多得些治学的方法。第二，现在中国中学教科书的编撰权大部分操在书贾手里；而教科书的推销，又每每出于宴会、说情、赠送、折扣，甚至于贿赂的恶劣手段。他们或者廉价地购买稿件，或者在短促的时间内请人编撰；他们唯一的秘诀是依照部令，免致送教育行政机关审定时难于疏通。总之，他们以营业为目的，而不以诸位为对象，是不容讳言的事实。我主张中学历史教科书应该由担任中学历史教学的教师编撰，各师范大学附属中学或实验中学的教师尤其应该负起这严重的责任。在目前这理想还未能实现的时候，多采用几个书坊的教科书来比较研究，实亦是一种补救的方法。第三，采用历史教科书的权当然不在诸位，而在学校的校长、教务主任或历史教师。他们采用一种教科书，固然有时也经过郑重的公允的考虑或者合议的议决，但这考虑与议决仍不免含有偏见。尤其是历史教师，有时每每因为教熟了这种教科书的体系与教材，懒慢地不愿另换别种。我曾经听说历史教师有十多年专教一部教科书的，在这历史学日趋进步与变迁的时候，这实是一件危险的事。如果你们不视历史教师为神，不视历史教科书为圣经，则多样地窥探其他教科书之观点的异同与史材的取舍，决不是徒劳无补的事。自然，我深晓得，现在的中学教育不是为穷人们设置的，你们已经担负了很重的书籍费，似乎于情于理不应该再叫你们增加费用；但我以为这在目前是不得已的事，你们或者可以节省糖果零食的耗费，或者可以几位同学成立一个小小的消费合作社的团体，或者径向学校当局要求购备若干部，储藏于图书馆，以备参考。

三　怎样选择与利用参考书

学习历史，单靠一两本从三万字到七八万字的薄薄的教科书，我不必加以批评，你们也知道这是不会有什么像样的成绩的。所以教科书以外，参考书的问题是异常重要的。然而，不幸得很，在现在的中国专门为中学生预备的历史参考书，更其是初中，实在缺乏到不可言说。中国旧有的史籍不能说不丰富，单举《廿四史》、《正续资治通鉴》、九种《纪事本末》、《九通》以及后来的《新元史》、《清史列传》、《皇朝续文献通考》等等，可以使诸位立刻感到无法对付；然而这些书籍只是为专门史学家储藏史料，而绝对不是供中学生阅读用的，虽然你们也有时必须从这些书籍里查考一些史实。近年来，商务印书馆所出版的"新时代史地丛书"和正在进行的"中国历史丛书"，总算比较的可用；然而"新时代史地丛书"选择的材料不甚普遍，编撰的内容不甚一致，而对于中国史方面的叙述亦似太缺略；"中国历史丛书"计划非常周密，所拟的篇题也甚扼要，但可惜现在还没有完全出版，无法立刻供诸位参考。至于其他书局所出的历史参考书，寥寥可数，而且每每有东抄西拼的不堪的现象。我时常有这样的空想，想将自己献身于中学历史参考书的编撰。我以为这些中学历史参考书，不一定全要出于自己一字一字地撰著，有许多简直只要利用旧有书籍加上一番删节、改译、并合，就可以适用。但这些参考书的特点，第一，须条理清楚，使读者对于这一件史实获得一个明晰的概念；第二，须文字浅显，使读者不致因文字的艰深而于史实发生误解；第三，这是最重要的，所叙述的史实须有文献的或实物的根据，而不是各种性质不甚可靠的书籍的合并或杂抄，最好将证据详细附注，以便学者做深一层的直接研究；第四，须附有详细的索引，以便学者检阅，省节无谓耗费的时间。这所述说的只不过是我的空想，当这空想依旧是空想的现在，你们对于参考书的问题，暂时也只有请教于教师的一法。自然，我也可以不客气地开列大批的参考书目，但这确有点为难。因为历史的范围太辽广了，在这简短的论文中，开列参考书终不免挂一漏万。其次，我像煞有介事地在这里批评许多新出版的历史参考书，好像教育行政机关的编审似的，也不免于诸位无益而徒遭疑忌。总之，在目前，诸位应该晓得：参考书是重要的，因为它所给予你们的历史知识有时远过于教科书。对于新出版的参考书的选择标准，暂时可以我上述的四条原则为根据。至于参考书的利用方法，应该依史实的内容的差异而有所不同；比较合理的办法，应该以一件史实为中心，而寻求若干参考书来补充，来扩大，来深究；如果你们对于研究这史实的参考书的书目一无所知，你们可以请教于你们的历史教师；如果历史教师的答复仍旧不能满足你们的欲望，你们或者可以设法请教别的你们所认为可靠的设有答问栏的杂志社或者奖掖后进的历史学者。

说到参考书，还有两种刊物应该特别提出的，就是报纸与杂志，这是对于你们学习历史有很重要的帮助的。自然，中国的报纸离理想的境地还很远，上海号称行销数十万的大报，评论是不关痛痒的，编辑是依地方分类的，再加以低等趣味的报屁股，有时真会使你作呕；——固然，这也不能一概抹杀，像天津的《大公报》就是很值得称誉的一种报纸。——但无论如何，报纸对于你们总是有用的。譬如报纸因环境的关系，登载不甚正确的消息，或隐讳重要的事实，但你们如果关心的话，仍旧可以先后比核，得到比较可信的史实；这就给予你们以一种审查史料的练习机会。又譬如报纸逐日登载渐渐开展的国内或国外的大事，你们可以按日留意，这不仅使你们对某一大事的前因后果了然胸中，并且得到了一种搜集史料的练习机会。就最近的大事说，如印度在甘地指导之下的抗英运动，就是很好的例子。我曾参观过若干的中学校，看见学生们在休息时间只在那里争先恐后地阅看无聊的报屁股及肉麻的电影广告，感到心痛，感到新闻编辑者及广告社之道德的责任，并且感到现代社会组织之根本的病因。中学时代固然应该养成阅报的习惯，但在现状之下，我以为历史教师对于你们阅报的方法与态度应该加以指导，应该积极地利用而不应该消极地放任。而你们对于报纸，也应该视为史地的补充读物，视为使你们成为"现代的"的重要读物，而不应该视为仅供消遣的出版品。如果你们有兴趣的话，可以在历史学会名义之下组织一个阅报会或剪报会。阅报会可以由同学分任阅览各种报纸，于每一周后，推举代表报告前一周的国内外大事，如果苦于没有时间，尽可以利用现在各学校举行的纪念周。剪报会可依学校的情形而定规模的大小。最起码的，可设置一方木板，将本日发生的重要事项分别剪贴，如为经济能力所许，可依事分类，将报纸分别剪贴成册，储藏于历史教室或图书馆，以备参考。我个人近年来对于剪报工作抱有很大的兴趣，但终苦于没有充裕的时间与相当的耐力，很觉痛心；如果你们在中学时代就养成这种习惯，可以担保这对于诸位的治学治事的训练都有相当的帮助，决不仅增加一些历史知识而已。

报纸以外，在现代，杂志也是非常重要的。报纸的记载，因为是逐日的，不免有琐碎之感；至于杂志叙述国内外大事，大概在这事终了或告一段落的时候，更能给我们以完整的印象。国内关于史学的杂志固然也有几种，但大抵近于考证的、专门的，不是为初学而作的；所以为你们设想，还以普通的时事杂志为较易得益。就我个人所知的中文杂志说，如《东方杂志》《国闻周报》《时事月报》等，都有关于现代史的重要文字。从前出版的《当代杂志》，曾经给予我以非常好的印象。它自己不另撰文字，只就各国许多杂志中，选译有价值的首尾完整的篇章。这是很有意义的工作，更其对于诸位是很有补益的，但可惜出版不久就因各种关系而停刊了。对于杂志，我以为可用卡片将它的要目抄录分类保存，当研究某一历史问题而需要参考时，只要一检卡片，就可以到得许多的材料了。

四 利用书本以外的工具

学习历史，固然不能离开书本，但书本绝不是学习历史的唯一法宝；在中国"求学只有读书"的氛围气里，更其要有跳出书本的勇气。书本以外，可以辅助历史学习的事物，计有实物、模型、图片、地图、图表以及影片等。学习历史的理想的境地，是要使过去的已死的史实能够在我们的头脑中重新感觉到它是新鲜的、活跃的；而欲达到这种学习境地，实物、模型、图画等等的力量都远胜于书本。然而，在中国，一切都感到落后，一切都感到需要我们去努力，即就历史参考物而论，其缺乏的情形更甚于参考书，虽然近年来各书坊也曾出版些历史地图及图表等。

关于历史实物的缺乏，一方固因为国人不善于搜罗发掘，一方亦有许多由于国人无知的毁伤；更其是后者，使我们感到不可言说的愤慨。以近两三年而论，有许多宝贵的史料都在所谓"打倒迷信"的浅薄的口号之下完全毁坏了。近日报载山东掖县①海南寺的明刻《藏经》，因为该寺改为他机关，以《藏经》为迷信书籍，焚毁三分之一；各地的城隍庙的神像，江西龙虎山的法物，也都在这浅薄的口号之下牺牲掉；不知这些实物都是中国宗教史上的重要材料，只要有相当的迁移保存的方法，是不必一定要取这一条"去恶务尽"的鲁莽办法的。至于谈及历史实物的搜罗发掘，近年来因受西洋考古学家来华探险的影响，已风气渐开，这总算是比较可喜慰的现象。最近中央研究院历史语言研究所派人到西南边省搜集苗族的日常生活品，到河南安阳小屯及山东龙山城子崖发掘甲骨及陶器等，都是对于中国史的研究有深切的关系的。至中等学校学生对于历史之实物的参考，在目下国内博物院数目稀少及交通设备不发达的时候，只有善于利用机会之一法。譬如今年二月间，中央研究院历史语言研究所在南京开考古组田野发掘工作展览会，陈列大批从安阳及城子崖发掘得来的古物，位在南京及南京附近如沪宁线上的中学校，绝不可轻轻地让这机会错过。又譬如今年春假间，北平营造学社在中央公园开圆明园遗物文献展览会，这正是研究中国建筑史与近代史"八国联军"一役的最好机会，

---

① 旧县名，今山东莱州市。编者注。

则在北平及北平附近的中学校不妨利用春假旅行的名义去参观一下。其次，中国有数千年的历史，无论哪个中学校的所在地，总有相当的古迹，对于这古迹加以系统的研究，也可以窥见中国历史的一角。譬如我的出生地在僻处海隅的温州；温州有曾经宋高宗驻跸过的江心寺，有陈傅良读书处的遗址，等等，仅就这两个古迹加以研究，也可以推论到辽、金、元北方政权的南下及宋代永嘉学派的兴起，这不是关于中国民族史与学术思想史上的重要题目吗？总之，如果你们有锐敏的眼光能够抓住偶发的事项与已有的古迹，则实物之含有历史研究性质的正自不少呢。

历史上的实物，本不易得；补救这实物的缺憾，而有仿造的模型。对于诸位中等学校学生，这种模型的效用更其重要。然而可惜，中国的出版家竟没有一家肯附带做这一种营业的，他们似乎全是尾巴主义者，只会跟在人家的后面去争夺生意，对于这有趣味的营业似乎想都没有想到呢！其实这在西洋是很普通的。据 Henry Johnson 的《历史教学法》（*The Teaching of History*）所说，关于德国史，自从史前时期起到十九世纪，有一种很好的模型，系 Ransch 所造，凡二百多种古物，大部分并可用以说明欧洲通史。此外 Hensell 所造模型计二十六种，是用来说明希腊史与罗马史的。Ransch 与 Blümner，Gall 与 Rebhaun，亦都造有优美的模型。谈到我们中国，什么都没有！我旅行到杭州或苏州，看见庙寺前卖假古董的地摊上的古钱，时常空想着，这虚伪的欺骗的买卖，只要稍稍贯以学术的观念，对于中国货币史的研究是大有用处的。譬如我们根据《泉货汇考》等书，对于中国币制先加缜密的研究；然后根据研究的结果，制造一套中国历代钱币的模型，这不是对于你们很有参考的实效吗？去年，我又曾经在某图画杂志上看见许多中国寺塔的照片，当时也曾空想着，如果我们先调查中国塔的形式，然后依其不同的形式，仿造为各种的小模型，这不是对于中国建筑史与中国佛教史及中印文化交通史的研究大有用处吗？自然，制造模型不是一件鲁莽灭裂可以成功的事。仿造的时候，第一须正确。较小的物件，如上说的钱币等，则物件的大小、形式、颜色，甚至于原料，都应该与原物完全一样。较大的物件，如上说的塔等，则对于缩小的比例也应该绝对注意。我也不仅自己做这样的空想，还预备集合几个同好，将这模型制造作为自己书本研究以外的副业；并且劝你们在目前自己动手制造容易制造的模型，以充实你们的历史知识，同时也可以充实你们的历史教室。

较模型比较易得的是图片，这方面，如果诸位留意搜集的话，中国旧有的书籍也可以供给一部分，如关于彝器①、碑刻、货币、宫室、乐器、车制、衣饰等等方面。举例说吧，譬如诸位要看看新出土的甲骨以研究商代的社会，则刘鹗的《铁云藏

---

① 此处表示一种青铜祭器。编者注。

龟》，罗振玉的《殷虚书契前编》《殷虚书契后编》《殷虚书契精华》《铁云藏龟之余》，王国维的《戬寿堂所藏殷虚文字》，叶玉森的《铁云藏龟拾遗》，王襄的《簠室殷虚征文》，明义士（J.M. Menziers）的《殷虚卜辞》（*Oracle Records from the Waste of Yin*），林泰辅的《龟甲兽骨文字》，以及最近历史语言研究所所出版的《安阳发掘报告》第一、二册等，都可以供给你们以丰富的材料。又譬如诸位要看看敦煌发现的经卷、佛像、绣品以研究李唐五代间的印刷术美术的发达程度，那么斯坦因（M.Aurel Stein）的《塞尔印度》①（*Serindia：Detailed Report of Explorations in Central Asia and Westernmost China*）与《千佛洞画幅》（*Portfolio of "The Thousand Buddas"*），伯希和（Paul Pelliot）的《敦煌千佛洞》（*Les Grottes de Touen-Howang*），罗振玉的《壁画招华》等，也可以给你们以满意的印象。不过上举二例中的书籍，也有许多价格奇昂，绝对不是普通中学所能具备的；如斯坦因的《塞尔印度》一书，合全国各大学各图书馆计之，不过两三部；所以目下诸位救急的办法，只有留意廉价的杂志上的复制品，而剪下来加以保存。如敦煌千佛洞的佛像、绣品、绢画，商务印书馆出版的《东方杂志》与《小说月报》，就都曾有复制品。又如去年的《教育杂志》，每期都附有复制的西洋名画两张，依时代与派别加以说明，这在留意美术史的人，

---

① 即《西域考古图记》，斯坦因于1906—1908年对新疆和甘肃西部进行非法测量时的全部结果的详细报告。编者注。

就是非常可宝贵的参考品。不过中国关于历史的画片，虽比实物与模型容易得到，但专为研究历史制作的画片，仍是绝无仅有。在西洋则专为学习历史制作的图画集与挂图颇不少。据 H. Johnson 的《历史教学法》所说，图画集则有 Lavisse 与 Parmentier 的《历史图画集》（*Album Historique*），Cybulski 的《希腊与罗马的文明》（*Die Kultur der Griechen und Römer*），Fougères·G. 的《希腊人与罗马人公私的生活》（*La vie Privée et Publique des Grecs et des Romains*），挂图则有 Lehmann 的《学校教授用文明史挂图》（*Kulturgeschichtliche Bildes für den Schulunterricht*），Cybulski 的《古代希腊罗马挂图》（*Tabulae quibus antiquitates Graecae et Romarea illustrantur*），Lavisse 与 Parmentier 的《法国文明史挂图》（*Tableaux d'historie de la Civilization Fransaise*），Longman 的《英国史挂图》说到这一点，则中国历史图书集与挂图，在目下实亦与模型同样急切地需要。

在中国学习历史，比较容易得到的参考物还只有地图与图表，然而数量也少得可怜。你们都知道，历史有两个基本要素，一为空间，二为时间；没有空间与时间，则人类社会活动的迹象，所谓历史，根本就无所依托。表示历史之空间的背景是地图，表示历史之时间的背景是年表。所以地图与年表，在初学历史的人，实是非常重要的参考品。不过历史的地图与地理的地图性质稍有不同，历史的地图所注重的在于沿革或变迁，所以初学的人最好于熟览历史沿革地图之后，自己将空白的地图依时代局势的变异加以填注。如果这样反复地做，则对于历史之空间的印象，一定不易消灭。年表，初看似乎很简单，其实因为中外古今历法的异同，与历代帝王纪元的复杂，非常烦琐。近来所谓"年代学"，在历史学中已成为专门的基础的学问。诸位初学的人固然不必怎样地去研究它，但对于历史之时间的印象，绝不可任其模糊，所以自己练习制作年表也是不可少的事。关于这方面，最近陈垣撰著的《二十史朔闰表》，可以给你们以很大的帮助。年表以外，其他的图表也是帮助你们了解或记忆史实用的。如果你们自己于研究历史上某一事件之后，将烦琐的史实分解为简单的提要，而以图表表示它，也是一种学习历史的很好方法。

利用活动电影以为学习历史的工具，在目下的中国还完全谈不到。中国目下所谓国产电影，只是《火烧红莲寺》等的恶俗作品。行政方面虽有检查电影的法合与机关，但进一步利用电影以为教育的重要工具，似乎还没有计划到。少数都市学校放演廉价的电影，也只是注重娱乐方面，或者只是为表显点学校行政的功绩，根本对于影片的本身还没有选择与研究。在美国，应用活动电影于教育，已日益发达，所谓"直观教育"（visual education），从前系指幻灯、模型、地图等，现在几专指电影教育。全国研究推广电影教育事业的组织，除全国教育会外，还有两处，各有年报，并有专论电影教育的杂志。现在所编制的影片的题材虽多关于健康、体育、社会科学、戏剧、音乐、艺术、职业指导方面、专为学习历史而编制的还未多见，但将来逐渐发达，会注重到这方面去，可以断言。这些话，在诸位目前，固只等于"望梅止渴"；但我所以絮絮不止的，在说明电影与学习历史的关系，以促教育行政方面及有意于教育的电影企业家的注意而已。

五　从旅行中得到印证

最后让我们说到旅行。关于旅行与地理学习的关系，友人王伯祥先生在《从实际生活中学习地理》（见后）一文中，已说得非常详尽。他说："最切实的学习，莫过于旅行时的考察。"其实，这句话，不仅对于地理科适用，就是对于地理的姊妹学科——历史科，也同样地适用。就王先生所举的第一例来说吧。"例如我们从上海出发，旅行浙江严州附近的严子陵钓台，便是一个很好的机会。……台为风化巨石，相传汉时有严子陵（光）①垂钓于此。……其南距离不远也有同样的石台，传是宋末谢皋羽（翱）②恸哭文天祥的所在，叫作西台。"我们于此不仅得到地理的知识，同时也可以讨究历史的史实。由钓台而追述到严光的隐居；由严光的隐居而追述到汉光武表彰名节的政策；由汉光武的政策而上究西汉尊儒政策的流弊，下究东汉党锢发生的

① 严光（前39年—41年），字子陵，汉光武帝刘秀的同学。编者注。
② 谢翱（1249年—1295年），字皋羽，南宋散文家，诗人。编者注。

史因，再推论到中国士大夫阶级之成立与发展，而了然于现在一部分知识分子卖身投靠之历史的主因。又由西台而追述到谢皋羽、文天祥的义举；由谢、文的义举而追述到蒙古民族的兴起与中国民族思想的来源；由蒙古民族的兴起再推论到欧亚交通的情况与天算①、北曲②的发达，由中国民族思想的来源再推论到清代浙东史学派的兴起与辛亥以前革命论的分野，而获得现在反帝国主义运动之历史的主因。总之，旅行可以给你们以新的刺激，同时可以使你们的书本知识得到活跃的印证。欧战以后，德国产生一种新的中等学校，以文化研究为中心，而以旅行为重要的教学法，他们不仅在国内旅行，而且远至英、法。我希望旅行的兴趣在国内中等学校逐渐浓厚起来，而且希望旅行不仅成为学校的装饰，不仅成为有钱的学生的独占的享乐，而能与学校中的社会学科、自然学科相结合，使一般的学生都能享受。

六 结 尾

我现在所能谈的不过如此，我告诉你们怎么对付历史教师，怎么对付历史教科书，怎么对付历史参考书与报章杂志，怎么对付参考物品如实物、模型、图片、地图、图表、影片等，最

---

① 即天文历算。编者注。
② 金、元时期流行于北方的杂剧与散曲所用的音乐。

后我请你们离开教室与书本而由旅行求得历史之活的印证。这所谈的，在诸位或者感到这些都离不了团体的生活，而不是个人的单独的学习法。自然，在现在学校制度之下，在现在学校班级制度之下，绝对的个人的学习法，为事实所不可能。你个人所具有的，只不过有聪颖的智能与坚毅的意志；论到设备，你不能不有求于学校、图书馆与博物院；论到讨究，你也不能不有求于教师、同学与其他友朋。独学无友，是一切学术的致命伤，尤其是历史科。我希望你们在集体生活中得到知识，同时得到训练。经生式的三年下帷的时代与秀才式的十年窗下的时代过去了，新的时代在企候着你们，希望你们有新的历史观点，同时希望你们有新的学习方法！

刘淑琴

刘淑琴，现代历史学家。

世界史的学习与社会学

一

坐在向前急行的火车里，你如果不看看窗外风景，只管朝看车内的旅客、座位、查票员、茶房等等留心，甚至于闭起眼来假寐，那么，隆隆然车轮的转动声你是听到的，而车子向着什么方向进行，已经走了多少路程，就一点也不会清楚。或许反以为车子没有动，甚而以为正在倒退中。

要清楚有无进行以及方向速率，就非望望窗外的风景不可。见了电线柱子的向后飞奔，桑圃菜畦的旋转，近山平畴的渐渐移动，因为一路的印象无时不在变动之中，于是你才知道车行十里了五十里了一百里了。

我们大概都是已经丧失了喜欢望望窗外风景的那种小孩子

的天真，而成了人气十足的车室里烦闷的旅客。无论外面是春光秋色，晨曦晚霞，在我们一样是苦恼。

小孩子就不如此，他爱窗外的景色；火车的司机者也不如此，他负了车内全部旅客运命的责任，不能不留心前途的信号，车行的速度。

人生原是旅行，我们都是旅客。窗外的景色原是旅行的背景，有背景做了我们的标识，才能清楚进行的有无，以及进行的方向、进行的速率、进行的结果……这便是所谓历史。不明历史，只能醉生而梦死。不然，就难免生于苦恼，死于烦闷了。进行认识的标识，有种种级次，那些专记人名、地名、年月日的政治史，好比是车外电线柱子的飞奔；在绿叶里隐现的桑圃菜畦，好比是经济史；近山平畴的移动，好比是文化史；再远一点，就好比是人类史；连山的蜿蜒，就好比是生物史、地质史；至于那无论车行几何，总是不觉得有所移动的星辰，这正是宇宙史。

我们清楚了那些背景，换句话说，清楚了人生站在政治、经济、文化、人类、生物、地质、宇宙里面的地位，才能知道我们自己是什么。

二

如果你问人："你是什么？"谁都会回答："我是人。"可是你若再问他一声："那么，人是什么呢？"这可难了，恐怕谁都不能有明了的回答。

可知大多数的人，都不曾明白自己是什么，却还自以为受过高等的教育，已经知道许多事物，其实连自己是什么还不曾认清，知道了许多事物又有什么用呢！现代的教育、现代的知识多是犯了这种毛病：好像缺了一面的轮盘的车子一样，无论那车子造得怎样合适、坚固、美丽，如果本来不是单轮的羊角车，缺了一面的轮盘，总不能圆滑地转运的吧。世上废人之多这也是大原因之一。处在历史上最发达的阶段里的现代的我们人类为什么老是这样子对于自己本身不了解不明白？这不是现代学问的症结吗？

在印度加尔各答的孟加拉大学里面讲授政治学的本诺·库马尔·萨尔克尔（Benoy Kumar Sarkar），在他的一本关于史学的小册子里，曾经讲到这层，他说："近代的倾向是喜欢把知识的领域区分成零零碎碎的许多小局部，又把那些小局部都互相分离地去处置。因了这个倾向，把一切学问都分化了，结果是使它们的范围越弄越狭。"

这种学问的专门化，其原因当然是在乎生活里做人类理想的那劳动分配的变化，断不是学问本身有什么特殊的发达；而分科又加以分科，结果是使那些对于宇宙人类的研究，都弄得非常精深；深是深了，然而太琐细；精是精了，然而太偏狭。这些只是不相连属、互相分离的断片的知识。对于人是什么，多数人的不能明白地回答，原因就在乎这一点。精研政理、深明逻辑的章行严，有时候却要发些"祸国殃民亡国灭种之谈"，"明明误白为黑，甘心逐臭"，理由也是在乎这一点。吴稚晖说，"梁漱溟之崇拜孔学，李叔同之觅死绝食，皆无穷之损失"。谅然。

为了这种毛病，人类不知道损失几多有用的天才。于是有种运动起来了，想去综合关于人的一切学问，使我们不再要有探究各种分科的辛苦，也能够了解人是什么、宇宙是什么的这种运动。这种运动虽不一定起自近代，但确是在近代才有特殊的发展。综合地研究人的学问，我想至少有三种。

第一是人类学。人类学是想由事实去知道人类的本质的学问。第二是历史。历史虽也是想由事实去知道人类的本质的学问，然人类学是想去发现原理原则的，而历史只是想在时地上去阐明人类进化的过程。人类学虽也是研究人类进化的，但它是把人类当作"整个"的东西看；历史则不然，它是把人类当作"分别"的东西看，把人类分作种种社会群，而去阐明这里面进化的过程和时地的关系。第三是社会学或历史哲学。它所研究的对象是史学上的结论，如果历史也有原理原则，那么这就是历史哲学或社会学了。

三

最近学术界里有认历史不是学问的倾向。他们以为历史是艺术，他们所以这样主张的根据是因为历史不曾发现原理原则。其实这是因为历史在今日还未十分发达，将来不一定不能找出人类进化上历史的原理原则来。何况现有的历史上所用的原理原则，是否本质地和科学的原理原则不同，也是个问题呢。

最近学界里还有一种值得注意的事情，那是把历史看作和生物学相双关的这一派人的主张，在日本有理学博士丘浅次郎是个代表。他主张历史须和生物学的看法相一致。他曾经说过："跟着服从性的退化，历史家自己的头脑也改变了。在服从性旺盛的时代里，值得留在纪录里的有价值的人物，好像只是几个位置在上的少数者，把位置在下的多数人，都看作若有若无一样。因此，那时候的历史，不过是几个人物的列传，记着谁是何时何地生、后来在何时何地死这一类的事情。可是服从性退化了之后，历史家的想法也改变了，知道人不单是位置在上的几个。从'力'的总量上说，倒是位置在下的多数人方面要大到不知若干倍。所以，他们便注意到历史研究的对象，并不是个个的人物，应是人类团体全部的变迁。……用了这种想法，把古今来人类各团体的变迁互相比较，细别事物的大小轻重，而去追求时代的所以改进的真原因，那么，这种历史的研究，岂不是早已完全和生物学的看法相一致了吗？"

当然，由生物学的见地去研究历史，这事情并不是从丘浅博士始，许多人早已有这种想法。最显著的是潘里（Perry）博士，他有一部著作，叫作《文明的成长》，其中有一段话是：

"生物学者抛弃了自发的发生观，这是很旧的事情。他们承认有机体依着某种不曾明了的理由而变化。因而有发生新种这个事实。他们也相信一切生活有机体的根本的一致，虽然无法实地证明其中的连续，他们还是承认某生物体和别生物体中间有互相的关系。"他因而主张文化的发生不是自发的，是由一个文化中心向着别的末梢而分布开去的。而且也和一般生物的情形一样，人类所劳作而堆积的文化，由各团体而分布开去。这个主张，是明白地把生物学的方法应用到历史的方法里来了。

前面所引的萨尔克尔教授，也表示过类似的意见，他以为不把人类的全生活和它的表现明白地考察，那么，想由历史而去推测人类将来的运命，这是不可能的事情。他也更进一步断定说："因为如此，历史家无论在什么地方，不能不应用生命及生活体的原则。社会学及史学的真的基础，是生物学。把基础摆在生命的学问上，历史才能够在人类的进步、社会的发达，以及文明的进步过程上，去构成一种明了而且确定的原理原则来。"这种历史的看法，当然是最近的倾向。从前的历史，是王者的历史，它的重要题目，是政治和战争，而对于民众的生活全体，差不多是一点也不顾到的。

四

一切科学原是都为人生，一切科学原是都有切不开的相互关系，这情形在人类学、历史、社会学之间，尤其如此。有这三位一体的人类学、历史、社会学来做我们解释人生、认清自己的标识，这是现代史学界里最重要的任务。

一切科学原都是社会生活的产物。自然科学是如此，社会科学也是如此。所以，科学的目标无非要去解释人生。解释人生有两条大路：其一，从时间方面立说的，这可以叫作发生的研究；其二，从空间方面立说的，这可以叫作存在的研究。一切科学的研究对象不是发生便是存在。在自然科学里，一面有物理学、化学、生理学、博物学等等现象的组织的研究，又一面有宇宙论、地质学、生体发生论等等发生的进化的研究。在社会科学里也是如此，一面有心理学、法理学、经济学等等现象组织的研究，又一面则有历史。一切现象论、组织论告诉我们以存在于空间里的实在的知识；一切发生论、进化论告诉我们以在时间里生成的实在的知识。可知历史与其余科学的关系，一是实在之说明的研究，一是对于实在里面一般关系的抽象知识。没有一般关系的抽象知识，当然无以从事于说明的研究；可是没有说明的研究，也不能有抽象的知识。有林奈（Linnaeus）的植物分类，居维叶（Cuvier）的地球大变灾说，布丰（Buffon）的环境影响说，莱伊尔（Lyell）的大变灾反对说，于是才能有达尔文的进化原理；同样，有了进化原理，才能批评林奈、居维叶、布丰、莱伊尔等人的说明的研究的可靠与否。这是对于全部科学说，其实我们也可将这道理转用到社会科学里来，把历史范围缩小到人类社会里来。那么，一向称作历史哲学的，便是社会科学里一般关系的抽象的知识，而历史是供给那些抽象知识以内容材料的。历史的语义原有两种：一是指事物变化的记述，二是指事物变化的本身。严格地说，自然应该取第二义。不单普通人有把历史只解作第一义的毛病，连许多所谓专门的史学者，也都有这种通弊。

中国人所以一向只在书本上研究历史，也是起因于这个历史概念的误解。举近一点的例来说，近人的《古史辨》，其实不是古史辨而是古史书辨。在这一点我们可以知道一般关系的抽象知识的必要。这种抽象的知识，在以前叫作历史哲学，在现今叫作社会学。历史哲学或社会学，是不仅仅以历史的事实的继起的记述为满足，要进一步去探求历史的事实中间因果的联络，以期发现那些支配人类社会的进化的法则。

这种学问，也可以简称之为史观，犹之我们对于人生有观，对于宇宙有观，所谓人生观、宇宙观，原是关于人生的哲学、关于宇宙的哲学。有了一定的史观，才能说明史的事实。

以人类学做基础来研究历史，由历史的材料里，找出人类社会发展发达的原理原则来，这是历史哲学或社会学。

五

要说明近代诸史观即历史哲学或社会学的主要思潮的概略，

我们应该先说一说关于历史的知识的发展，借此可以明白诸思潮的由来。历史的知识的发展阶段，也和一切知识的发展阶段相当，可以分为故事的、教训的、发展的三段。

（一）故事的历史　在这阶段里的历史，是就所知的史实，如实地依着自然的顺序而叙述。古代半传说的半历史的歌谣及史诗是一例。东洋、希腊、罗马等刻在金石或木简上的条约、纪功、法律的纪事又是一例。而希罗多德（Herodotos）的著作，可以说是这类历史的模范，也是向第二段进化的渡桥。

（二）教训的历史　也可以叫作实用的历史。这种历史观照的方法，最初自觉地应用的代表者，是写那《伯罗奔尼撒战史》的修昔底德（Thucydidēs）。修昔底德认为他的著作的目的是在乎"对于过去的事物与以明确的表象，将来跟着人事的进展而有同样事物发生时，也可以有明确的表象"。这不是教训式的定义吗？至于实用的一语，则是罗马时代希腊人波里比阿（Polybius）所采用的术语。这个历史的观照态度，和教训的稍微有些不同，教训式是想在过去的知识中得到现实的教训，而实用的则又多偏于心理的动机的观察，研究者或著述者往往依着自己的观照去解释史中人物的动机，而且多是偏于道德的、政治的，尤其是容易有爱国的倾向。古代的塔西佗（Tacitus）的《安那列史》是个代表的作品。中世纪以后，欧洲诸民族都有了自觉，国民的特性完成了，在文学上喜欢采用本国语，把自己所体验的事情直接地表现出来。当时优越的个人的权力和恣肆，非常活动，很能够左右政治上的变化，似乎历史上事件的经过，都是个人一身上动机及目标所决定的。在这种时势里，实用的历史的繁盛，原是当然的事。

（三）发展的历史　也叫作发生的历史。人类关于历史的知识，从此方才成为一种科学。历史家从此方才知道将发展或生成这个概念应用到国家社会里人的存在上面去。知道去探求历史现象的如何发展，如何形成现在的样子。把一切的史实都看作前后相关，变动不居。这是发展概念、进化概念的应用，是十九世纪以后新形成的一种历史观，它的势力到现在还是非常盛呢。

这种历史之历史的进展，即史观的变迁，其最大的动因自然是人们关于进化的这个概念的获得。半世纪以前，人们都以为人类的过去不过六千年，而现在我们都知道人类的过去实有几十万年，而且不但人类有历史，就是动物、植物、岩石、星象，甚至于原子，也有它们的历史。所以，动物学家、植物学家、地质学家、天文学家，甚至于化学家，都来崇拜历史了。这种历史的崇拜热，其实也就是人们对于进化的这个概念的认识之增加而已。我们认识了这个进化的概念，才会把一切事物都放在动态里观察，复活了希腊哲人所提倡的"一切都在流动"这个精神。我们体会了这一点，再来看现代流行的史观，那真可以事半而功倍呢。

把现代流行的史观概要地来说，我以为有下列的：

（一）唯物论的史观；（二）实证论的史观；（三）观念论的史观。

六

（一）唯物论的史观 十七世纪以后，大家都把当时所流行的哲学思想、自然科学、社会的政治的理念等等互相结合起来，要在自然因果的统一关联上去认识世界究竟是什么。在这种努力里，对于神明或那最高而最概括的原理，当然也不曾完全置诸不理，可是有一部的人们，却急进地想要用无生界机械的合法性去说明世界的一切。

他们以为有生命的现象，即使是人，也不过是一种机械，依了机械力以及机械的刺戟，于是而有人，于是而有人的知、情、意的活动。这种主张自然是完全和那神的信仰，或独立的精神动力说相违背的。那么对于那些以神明的预定、神明的恩惠做护身符的现社会秩序，自然要取攻击的态度了，而且对于他们的所谓人是自亚当以来便是罪孽深重的可怜虫这个基础信仰，也要根本地否认了。他们要进一层，主张一切人们是生而平等、生而自由的这个自然法。他们的唯一目标是在乎努力使这个自然法能够实施于社会，使人们都得到幸福的境遇。这种理论在法兰西大革命前后极占势力，大家都想乘机把它彻底地应用到人生的发展上面去。含有这种倾向的历史观，把一向所重视的英雄豪杰以及一切政治事件，都看得很轻，而想用近似于机械的自然法则去说明历史，因为历史的研究对象是集团及文化事业，要使历史成为科学，也只有这条路，他们以为。这种史观里有两支主潮。

（A）生物学的唯物论　这是世人所周知的，想以生存竞争、自然淘汰、适者生存以及遗传驯化等等达尔文进化说的根本概念去说明在国家社会里人类的发展的学说。进化论本身不一定是唯物论的，而把它当作说明自然及历史现象的原理时，则不能不始终是个唯物论的。这种思想的代表著作，有海尔华德（Hellwald）的《在自然发展里的全文化史》（一八七五年），有塞克（Seeck）的《古代世界衰亡史》（一八九四——一九一三年），有沃尔特曼（Woltmann）的《政治人类学》，副题是《对于诸民族的政治发展论的遗传说的影响》（一九〇三年），有诺维康（Novicon）的《社会进化论批判》（一九一〇年），有赫脱维亚（Hartwia）的《伦理社会政治进化论》（一九一八年），等等。

还有一种叫作势力说的一元论，也可以归属于这一类，而根基则尤为深而且广。如奥斯特瓦尔德（Ostwald）的《文化科学的势力说上的基础》（一九〇九年），如戈德沙伊德（Goldscheid）的《向上进化和人间经济社会生物学的基础》（一九一一年），等等。

（B）经济学的唯物论　这也是谁都知道的，是社会民主主义的观照，通常叫作唯物史观或史的唯物论（materialistische geschitsauffassung, historische materialismus），是马克思（Marx）的倡说，由恩格斯（Engels）、拉法格（Lafargue）、倍倍尔（Bebel）、考茨基（Kautsky）等继述而完成的一种近代最有潜势力的史观。这是和那宗教的、精神的观照法立在极端相冰炭的一种史观。他们的第一句标语是：精神由物质规定，物质不由精神规定。物质在先，精神在后。未有人类之先，早有地球；未有地球以先，早有物质；请问那时候有什么叫作精神？物质不依精神可以存在，请问哪一种精神能够不依存于物质？这是哲学的唯物论的前提。同样，我们也可以把它应用到人类社会里面来。"人非面包不能存在"这句话比那"人不仅为面包而存在"还要来得近乎事实。生存是我们人类最根本的事实。既已有了生存，我们为要维持生命，不能不有所需，为了维持生命，需要相当的能量（energy）。这能量是要有种种物质才能补充的，不有生活上的物质资料，我们便无法维持我们存在的基本条件，生命。人又是不能独立地生存的，总归过着协同的社会生活。过着这种社会生活的人们，在不知不觉之中，即使是知觉，但也并非出于自己的志愿地加入了某种的必然的关系中。这种关系就是生产关系。生产关系依着人们物质的生产力的不同而不同。

各时代的生产关系，都和那时代的生产力相适应。人们所加入的生产关系的总和，便是社会的经济的构造，是人们的社会这个建筑物的基础，在这个基础上面，造了和基础相适应的，所谓法制、政治等等上层建筑；再上一层，又有各种社会的意识形态，便是所谓人们头脑的所产，艺术、哲学、宗教等等。物质的生产关系，是人们在社会生活里意识、理念等等一切精神的生活过程以及国家社会一切关系事变的冲动力。简约点说，人们在社会生活里为要补充为生命而消耗的能量，不能不加入物质的生产关系，而这种关系是会决定人们的社会的、政治的、精神的一切生活的。并不是人们的意识规定人们的存在，是人们的社会的存在决定人们的意识。而社会的生产力，是不绝地向前发展的，发展到了一定的阶段，便和旧来的生产关系（或生产关系之法律的表现，即所有关系）相矛盾，相冲突。以前是生产力发展上所必要的生产关系，现在却变为障碍物或桎梏了。生产力如果仍要向前发展，那么，势非把生产力和生产关系中间的障碍物或桎梏打破不可，把现存的生产关系弃了，代之以新的生产关系：于是社会的改变时代开始了。

跟着社会经济的基础之变更，那巨大的上层建筑的全部，也就不能不急激地或缓缓地发生变化。而这种改变的时代，是不能由那时代的意识来判断的，犹之判断个人，不能根据那个人自己的意见一样：我们对于这种意识，只有用物质生活的矛盾、社会之生产力和生产关系中间的矛盾，才可以说明。

我们有了这个史的唯物论的根本的把握，还应该进一层有历史的横断关系和纵断关系的考察。

　　所谓历史的横断关系，是指社会的组织以及构造，这就是社会学者的所谓社会静学。把事实上动的社会放在静止的平面的观点来看。那么，我们可以看出这个巨大的建筑物的现实的基础，是一种经济的构造，这上面所依存的，有政治的、法律的制度，有宗教、学问、艺术等等一切观念形态。而所以支配经济的构造的，是物质的生产力。所以，社会的物质的生产力，是最后最要的动因，上下层一切建筑无不依存于这个基础上面。基础动了，上下层建筑便要跟着动；而上层建筑却不容易改变基础。

　　至于纵的关系，问题是在乎社会变革的过程。这就是社会学者的所谓社会动学。把社会放在变动的、演进的观点上来看。生产的发展，必然地和生产关系相矛盾；于是生产关系便成为生产力的障碍物或桎梏：结果须有矛盾的废止。而所谓生产力和生产关系的矛盾，事实上是表现这个关系而站在表演地位的人们中间的对立关系。换句话说，无非是阶级和阶级的相斗争。自从原始时代以后，人们的全部历史，无非是阶级的斗争史。最初是自由民和奴隶，古罗马贵族和庶民，中世纪是贵族和农奴，基尔特市民和职工，近世是有产者和无产者。这里面有一点我们须注意，生产力的发展，须有人们的行动介乎其间，同样，生产力和生产关系中间矛盾的废止，也须有人们的行动介乎其间，这是唯物史观的结论。所以，在唯物史观里，人们的行动很重要，因为历史原是人们造成的，不过只能在所与的条件底下造历史而已。这一派代表的著作，有恩格斯的《家庭、私有制和国家的起源》（一八八四年），有考茨基的《莫尔及其乌托邦》（一八八八年），有帕斯（Parth）的《当作社会学的历史哲学》，等等。

（二）实证论的史观　这是法国孔德（Comte）在《实证哲学通论》里所倡的一种史观。当然它的基础是完全在乎实证哲学。虽然近乎唯物论，但在原理上并不是唯物论的。孔德的见解如次。关于神及超世的事物（形而上学的），我们不能有什么正确的了解，哲学上抽象的思索，不会供给我们什么现实的知识。我们的研究，只能限在下面的条件之中：用现实现象的观察和严密的科学方法的补助，去把握诸现象的本质，去认识诸现象自己的作用以及相互作用间诸法则。依孔德想，人类精神的发展有三个阶段，而他所提倡的纯粹科学的或实证的思索方法，是最高的阶段。因为在第一阶段时，人们所用的方法，是神学的或幻想的思索方法，对于自己周围的现象，想用超自然的力去说明。到第二阶段时，于是有形而上学的或抽象的思索方法。这种思索方法，是想用理念、本然性、本体等等去说明现实。这个阶段是过渡的革命的时代，人们从此进入于第三阶段的最高的思索方法。第三阶段的思索方法是近代的产物，它还不曾十分完成，也还不曾应用到各方面。至于这些思索方法的不同，是怎样推移的——这是对于学问有大影响的孔德思想的一点——这事情，不单是在认识界，并且也可以应用到和认识相关系的一切社会事情，这是孔德的实证的研究法。在各时代的一切世相，以及一切个人，这中间虽有个别的差异，然而总带着一个共通的连带的根本特征。所以，历史上文化的发展，是被限定于心理的要素的；而这里面的发展的法则，依孔德想，是应该用"比较的历史的"方法，把不同的诸时代相比较考察，才能发现的。他排斥实用历史派所用的以个人心理为动机的方法，而采用心理的全体现象或集团现象，即现今的所谓社会心理学的方法。他以为要去得到发展的一般诸法则以及诸原因，除此以外，别无良法；只有这种方法是有科学价值的。个别的动机及事件，个人的行为及观念，无论它是出于怎样伟大的天才，无一不是被周围的全影响即环境——这是我们现今所惯用的一个概念，其实也是孔德的创语——所限定的，而环境断无本质地受个人支配的事情。即使有所支配，也不过是些轻微的改变而已。我们（孔德）的时代，是要在由形而上学的阶段而进向实证的阶段的过渡期，到处还残留着过渡状态的特征。大多数的知识分科，虽已进入于实证的阶段，而在那对于社会最有关系、最重要而且最复杂，也是其他一切的前提的知识领域，即关于人类社会的所谓社会学——这也是一个孔德的创语——实在还不会进入于这个阶段里，而历史是属于这社会学的。孔德以为用了前述的方法，依着一般诸法则的认识，使社会学成为一种实证的科学，这是我们的重要责任之一。

孔德的观照方法，在社会学或历史的研究上有很大的影响，今后恐怕还是如此。当然，也不一定都是直接地受诸孔德的，如穆勒（John Stuart Mill），如斯宾塞（Herbert Spencer），如巴克尔（Henry Thomas BuckIe），如利特雷（Émile Littré），如台因（Hippdyte Taine），以及其他作者，都曾有过介绍的功劳。社会学、民族心理学、文化史等等全体知识的领域，都是多少受着这个影响而敷衍而充实的，尤其是巴克尔，他完全把发展的诸法则，求之于集团的观察，而将人们的感觉的及道德的诸冲动，认为对于进步是一无势力的。他在社会学上较有贡献的著作是《英国文明史》（一八五七——一八六一年），便明白地表示着这种思想。最有趣的，是一班专门史家，一方面以为孔德的人类发达的阶段说太肤浅；而事实上却被孔德的主张支配着。例如德国专门史家兰普雷茨（Karl Lamprecht）竭力地应用着孔德的根本思想——发展是被社会心理学所限定的；用比较研究法去演绎诸文化时代；个人依倚于全体状态；要使历史成为科学，非有严密的因果认识不可；个别事件是属于艺术的描写的，是非科学的——著了一部《德意志史》，而自己并不知道这是和孔德相一致的。

七

至于观念论的史观，如康德派的历史哲学及人生论哲学，也未尝不是有力的一种史观，只因它们陈义过高，说理尤晦，我们现在暂且不提及。因为我们的目的是要在历史的研究中有个中心思想，依着这个中心思想，才能够统御那些千头万绪的史实。虽然这个方法有些近乎演绎而轻视归纳的危险，但在非史学专门的我们，也只得如此。我们暂且依着先哲研究所得的结果，来看一看全部人类的史迹，究竟是否如此，这样，日久功夫深了之后，知道的史料也多了，甄别史料的眼光也有了，或许也能发现别种的结论。我早已说过，历史是供给社会学以材料的，社会学上的结论，可以做我们研究历史的指导原理。譬如前面所引的生物学的史观、经济学的史观、实证论的史观，一方面原是先哲研究所得的关于人类社会发展的结论，是可以给我们做研究历史的指导原理的；而另一面却也是到现在为止的有力的社会学学说之一。如果我们要把以上的论旨简约地表出这中间的关系来，那么，我以为可以说：以生物学做基础，去研究人类学，以人类学做基础，去研究历史，以历史的原料做基础，去研究社会学。而社会学也是历史研究的指导原理，尤其是在我们的初学者。譬如以生物学的观点去考察史实，原有两种看法，那斗争观与协同观。所谓斗争观，是指那种把人类进化的原动力归之于斗争的这种方法。正如鲍格达斯（Bogardus）所说，马尔萨斯（Malthus）说了人口与食粮间的斗争；孔德指明人类本来不是社会的动物，这种人类非社会的性质，是斗争的有力原因。马克思描述过阶级斗争；达尔文高倡了适者生存的原理。至于协同观恰和斗争观相反，这学说的主倡者是意大利哲学者维科（Giambattista Vico），他以为人类是有共通性质的，社会依着共通的必要而进步。其实这种思想各时代都有，格劳秀斯（Grotius）也曾把握了世界协同的理想，以为现在虽然是各国民依着嫉妒与嫌恶而盲动，将来一定会有可以协同的日子到来。斯宾诺莎（Spinoza）的他爱的共同生活观，以及欧文（Owen）的协同观，克鲁泡特金的互助论，都是这种倾向的把握者。

我们可以把这两种的主张向各民族或全人类的史迹上去试试看，究竟哪一说来得近乎事实。或许是像有些学者说，过去的进化动因确在斗争，将来也必转移到互助那边去。

又如经济学的史观，他们有胆量用了唯一的方法，即依据经济构造的改变做标准，把社会现象的进化过程说得这样清楚，分社会组织的进化阶段是群团、氏族、大家族、封建、集权国家；分男女关系为乱婚、多夫多妻、一妻多夫、一夫多妻、一夫一妇；分生产为自然物采取、牧畜、农耕、手工、商业、工场工业；分器具的制作为石器、土器、青铜器、铁器等等的阶段。这在各民族间或全人类是否都如此，我们能够找出强有力的反证来吗？

再次，如实证论的史观，它的重要点就在乎环境，尤其是地理的环境。他们主张"人是地球表面的产物"。这句话不仅指人是地球的儿子，由地球的微尘而产生的微尘而已。它的意思包含着地球能够养育人们，课人们以各种任务，导以思想；置人们于困难之中，锻炼其身体，机敏其智慧，使能应付疑难。更课以航海、灌溉等等问题，并示以解决的方法……北极的白熊，沙漠中的仙人掌，你如果不把它们放在原产地上面去着想，是无法了解的。同样，人们所耕的土地，所旅行的国度，所往来的海洋，如果把这些不放在考虑之中，你就无法了解人是怎样的。人和环境的关系，比那些有最发达的机构的动植物对于环境的关系，还要来得复杂。

这里面我们可以找出许多极有趣味的题目来。埃及与沙漠。河流与文化：埃及的尼罗河，美索不达米亚的底格里斯、幼发拉底河，中国的黄河、扬子江，印度的恒河、印度河。文化与内海，地中海与中古以前的文化。文化的起源与传播。文化与大洋。铁道与非洲侵略。航海与英国殖民业。这些都是可以做个单位，以供我们一周或一月的大规模的研究的。以经济的观点，可以把全世界的现势①分作五大群：美洲群、英吉利群、远东群、俄罗斯群、法兰西群。

我们很可以利用这一类学者研究的结果，来做我们学习历史的指导原理。向这里面去追求事件的前因后果，与同学相商榷，请求教师说明，检查参考书。例如第一群，我们就有下列的那类问题会浮现在心头，有了问题，不怕研究对象为如何枯燥、烦琐，我们总是觉得在研究的过程中，有种局外人所不能

---

① 指1930年前后。编者注。

了解的乐趣。

（一）十九世纪末叶，英国取代了西班牙而取得世界的霸权，何以到了二十世纪初叶，依着一九一四——一九一八年的大战结果，英国又把这个霸权让给新兴的美国？

（二）四世纪以前，国际的重心由地中海、波罗的海而向大西洋移动，现在这个指导权又向西方移动了，太平洋将成为海上史的舞台，而与大西洋相竞争，在长期间独占着世界的运输业的英国，此后恐怕不容易和那在太平洋、大西洋两面都有良港，而且又有两洋间捷径——巴拿马运河——的美国相竞争。

（三）美国怎样由东部的十三州向西部发展，如果没有铁道，这事可能吗？要在商业场里争优胜，须有三张保险单，一铁，二钢铁，三石炭。美国都有了。美国人说，我们一向是世界的仓库，现在我们希望变成工场，再来变成证券交易所。

（四）美西战争的结果如何？

（五）美国对中南美如何侵占，对加拿大的关系如何？

（六）美国何以须有菲律宾？

试按表中所列各项，依着历史学习上最平凡又陈腐的所谓"五W追究法"，即事件是什么？是谁？在何时？在何地？是怎样？都弄得明白，那么，你对于全世界的现势，一定能够知道得比什么外交部长、财政总长还要清楚些。这就把我们在前面提及的历史目标是要明白我们自己是什么，站在怎样的地位这个目标完全实现了。

王伯祥

王伯祥（1890年—1975年），原名王钟麒，江苏苏州人。现代文史研究家。曾任北京大学中文系预科国文讲师、商务印书馆编辑，后到开明书店任职。主持出版了《二十五史》《二十五史补编》等鸿篇巨制，并编纂发行了多部史地教科书、文史类普及读物。

从实际生活中学习地理

地理学的范围极广，分类极细，若照专家所下的定义来看，几于无所不包。我们笼笼统统地说是研究或学习，实在太广泛得难于捉摸了。可是世间一切的学问都不是孤立的，它们各有相互间的关系，本来不能像切开一块豆腐干那样地简单，随便捡了一块可以不管其他的。所以这多方面牵挂着的麻烦，我们只得忍受它，不能厌腻它。不过有一句话我们须先记取，便是：所谓学问并不限于插架盈箱的书本，最要紧的所在还是实际的体会。地理既非例外，当然也逃不了这个原则，何况它本来就是一种实地考察的学问！现在我们所需要的是地理的常识——实际应用的地理常识——正不必过于执着，反致茫然无从入手。只要我们把目标认清楚了，可以说随时随地都有学习的机会；随时随地都找得到研究的资料。在学校里所受的气象、动物、植物、历史、政治、经济等学科固然与地理有密切的关系，便是日常间一切衣食住行的琐屑又何尝不是研究地理的绝好题材呢！今请撇开严正的、正式的研究态度，姑就个人一时想得到的一点零碎的意见拿来随便谈谈，原是"卑之无甚高论"，只想找些琐屑的例子，说明学习地理不仅仅是死记教科书而已。

最切实的学习，莫过于旅行时的考察。当我们出发进行时，路线经由的方向怎样？使用的交通器具是什么？途中见到的是怎样的事物？到了目的地后，采得什么当地的特产或是特别可以纪念的东西？凡此琐琐屑屑的问题，都是足够供给我们学习的。例如我们从上海出发，旅行浙江严州附近的严子陵钓台，便是一个很好的机会。先就路线的方向说，是从东北向西南，大体上无甚变更；虽已越州跨省地走了好几百里，但始终沿着沪杭铁路和钱塘江行进，并未打过岔子。继就使用到的交通器具说，却大有花样翻腾了。从上海到杭州是乘坐火车，从杭州到桐庐是利用轮船，从桐庐到钓台是换用民船。这样地变换着，便是沿途"地理背景"的呈露。若证以途中见到的事物，那么更像走进了时时变动的电影片里，煞是有趣。当我们从上海往杭州时，先后经过的城镇如松江、嘉兴、硖石等，确也不少，但我们从车窗中观察，这些城镇倒并不显著特异的色彩；最足逗引我们兴趣的，还是两旁一望无际的平畴。——平畴中偶缀着一二孤阜，绝无大山，而河港漾洄，在日光照耀之下皎莹得像白练般的可爱。因此，在那所经的许多桥梁之上便可证实这一片大地是太湖下流出海的冲积层，是水利独厚的鱼米之乡了。一过杭州，上了钱江轮船，景象便又不同。一路溯流而上，两岸虽一样有绿野平田，而山色岚光隐约不断，已令人起渐入峡谷之感。船过富阳，山色愈近，田野愈迫，有时竟掠山而过。同时船上水手缓轮前进，临时派两人在船头左右点篙测水，高声报数，驾驶的便据以拨舵。可见江流至此，两旁为山所束，水势渐急，已成滩象，虽轮船也不得不缓行了。桐庐以上，山势愈陡，拱凑愈紧，江身愈浅，轮船便不能行。及至七里泷而水吼石出，漩洑相望，盖完全在峡谷中，操船的力竭汗喘，专用竹篙来撑拄，才得慢慢地移船向前，但船底与江中石块相摩擦，沙沙的颇令人心悸呢。上泷不久，便到钓台。台为风化巨石，相传汉时严子陵（光）垂钓于此。登其上临江俯瞰，确乎飘然有出尘之想。其南距离不远也有同样的石台，传是宋末谢皋羽（翱）恸哭文天群的所在，叫作西台。但两台僻处荒江之滨，只能供一班雅客的凭吊和流连，要想获得现代所需要的东西是不大有的。可是在七里泷的沙石滩上却捡得了不少可爱的石子，有的青白文相间，很像安徽的灵璧石；有的洁白晶莹，宛如黑龙江的嫩江石；但很少透明小巧像南京雨花台所产的。这些，不都是可以考见浙江上游各港经流地面的岩石是怎样的吗？

假使我们的旅行是从内地到上海来的，那么研究的方面更宽，学习的材料更多了。便是单就上海所以能够成为这样一个大都市的理由来略加分析，也很够我们破费不少的时间呢。原来大都市的成立，至少必具备三个条件：（一）交通便利，足为广大区域的运输中心；（二）附近物产丰盈，足供多量的制造或消费；（三）气候良好，没有骤寒乍热的突变。上海位在太湖下流吴淞江、黄浦江的交汇口，东北距离出海处仅三十余里，恰与长江的吐口相联络；而且水道深阔，足容海舶的出入。附近米、棉、丝、茶等产极盛，而江湖渔业和沿海盐利尤为丰厚。又兼天气温和，雨量均调，很适于人生。以故，九十年来，建筑日多，住民日增，市场日盛，竟自荒江渔村的境界一易而为全国经济的中心，便形成这样一个最现代式的东方大都市。我们只消随便考察一所转运机关或金融机关，它们的营业范围在在足以惊人，可见上海是怎样的伟大了！但这伟大的由来，完全受的地理环境的支配。假使上海并不足以当全国沿海航路和长江航路的总汇，京沪、沪杭两铁路的起点也并不在那里托足，是绝不会涌现着迤逦二十余里那么长广的市集的。假使没有很好的天气，哪里有这多量的米、棉、丝、茶产在近旁各地供给着？又哪里来这许多纺织厂、缫丝厂、面粉厂、碾米厂、制茶厂？更哪里能够吸收得住那么多的人口？由此说来，这实际的大都市不很足供给我们以学习地理的机会吗？

又，假使我们回转方向，加入西北考古团中，共同向陕甘新疆一带去讨生活，那就更多佳趣，别有所得。姑且丢过考古的成绩问题暂不说起，单就途中经历的生活或偶尔触景生情地感想到的一种杂念来讲，已大可玩味，而且取得不少地理上的印证。譬如行进的时候，时而大车，时而骡马，时而骆驼，时而歇店，时而宿帐，时而乘用牛皮筏子（用好几个整只的牛皮吹成气囊，然后用绳子连缀成筏），这便是地理上特殊状况的贡献，我们须得一一体会它。为什么这里可用大车或骡马的，那边就非用骆驼驮载不可？为什么那边尚有简陋的客店可歇，这里就非得自带帐篷不可？为什么别的地方的渡河或运送大都使用船只，独那边要使用这样笨拙可笑的牛皮筏子？凡此种种问题，几乎没有一处不与地理的环境有关。我们能够借此问题来求一个自己的解答，那不是最愉快、最满足而且最靠得住的一件事吗？至于触景生情的杂念，最易为昔盛今衰的古迹所勾起。但在真实学习的我们看来，却并不是一种茫然的——或竟是莫名其妙的感慨；我们应当跳出当前所看见的一抔土或一座碑……的圈子，从远大处着想，追求出一个昔盛今衰的道理来。例如跨连陕甘两省的泾渭流域，原是中国民族早期托迹的发祥地，所谓"关中天府"，已久为大家所知道。又如肃州以西的安西各地和新疆天山南路一带，在汉代、唐代声威四张的时候，那边都是西域诸国的分壤，而且是中国、印度文化交换的媒介地。乃今日天山南路和安西各地久已沦为沙漠，前往访古探险的人每感生活艰虞的压迫，其情形远非东南沿海各地之比。即泾渭流域也渐见燥渴，风沙时起，旱灾频年，所谓赤地千里，已成为不可掩之事实了。（近来报纸所宣告的灾情竟有"有田无人种，有屋无人住"的痛心语。）如果那边的气候、地脉自古就是这样的，绝不会产生光荣的文化。那么《诗经》里的《豳风》就不该产生，更何能在新疆发现汉代的木简、高昌的壁画，在敦煌发现西夏宝藏的唐人写经卷子和其他种种的佛教艺术品呢？可见那时的地理环境一定不和现在一样，一定很合产生文化的条件的。于是近人所倡的"气候转变影响土质说"和"中国北方日渐沙漠化说"都慢慢地证实起来，而昔盛今衰的大道理也就找到一个端倪了。

上边所举的末一例中，我们可以连带说明历史的构成是完全受支配于地理的背景的。所以即使专在室内从书本上用功，也能获得举一反三之助，而来左右逢源之乐。便就历史来说，大家知道中国往代的文明是由北而南渐的；近世的文明是由南而北进的。何以故呢？这又不得不求答于地理了。原来中国古代民族的活动，他们所凭借以为发展的地盘盖即黄河沿岸的一片沃土。故上古帝王的都城大率在今山西、陕西、河南、河北、山东诸省。及至战国的末期，表表有名的经济都市仍得举数邯郸、阳翟、临淄为称首。后来迭经汉、吴、晋、宋诸朝的向南开发，于是扬、荆、益三州（长江流域）遂居天下之重，而广陵、成都便成东西遥对的两大经济中心了。隋、唐以还，交、广海疆（粤江流域）日见发达，广州、泉州诸港竟为海舶所辐辏，不但邯郸、阳翟、临淄诸地的声名大不如昔，便是广陵、成都也渐形衰替呢。这样逐渐南移的形势，固然由于当时的政治关系，但是它的真正诱因还是根据着经济的变迁。换句话说，便是地理的环境变迁了，经济的情形自也随之同变，政治的建设当然也不能离此而独成例外的。——这便是往代文明由北而南渐的理由。至于近世的文明，则情势大异，它的原动力不在国内而在国外。自明季以来，西方的一切，挟其帝国主义以俱至，广东滨海之地当然首当其冲。其后外来的势力日伸日长，于是沿海北上，几乎把整个的中国都震荡得动摇不定了。试看鸦片战后的五口通商，最北的口岸犹止及于上海；而后来英法联军之役、庚子义和团之役、日俄交战之役等相继发作，便致门户洞开，通商口岸不但北及于天津、营口，甚且深入长江腹地和东三省各处，则外力日展之故自不难推想而知。所以现代式的一切设施是每每先从广东或上海试行，然后逐渐推及于北方或内地的，正因此故，南方遂得时时推动北方，竟使全局的情势为之改观呢。最近革命政府的由广东以统一中国，便是一个最明显的例子。——这便是近世文明由南而北进的理由。我们试把这两个理由综合起来一加研究，对于所以构成历史的地理背景不已到了"思过半矣"的境界吗？

但这还是书本的功课，我们如果能够利用新闻纸，随时留心时事，常常自悬问题以为研究之资，则得益尤大，对于现实的生活关系尤切。譬如南京设市与省市划界，最近河北遵化县属兴隆镇的析置县治，它们的理由何在？南美诸国的风行革命，何以都与美国有关？瑞典火柴的行销远东，何以有独占市场之势？加拿大的小麦，何以能够代替生银，借与中国？台湾的雾社事件①，何以能够支持许多时候？凡此种种，不问它的动因是政治的或经济的，总之脱不了地理的关系。我们诚能随处研究，——求得地理上的解答，那真是最方便而且最有实惠的学习法了。姑举一浅显的例子，则莫如此次"中央军"与阎冯军作战时各报连续登载的军事消息。虽其中有过度宣传的，有因秘密关系而扣留不准刊登的，但这样广大的战区，牵连到的方面很多，即使不赅不备，已大足②供我们的推测；有时且正因他们两方面消息的矛盾而在夹缝里看得一点真相呢。至于平常不大见到的地名或稍为偏僻一点的镇集，在这时都会因行军或军事布置的缘故而尽量地举数出来，我们耳濡目染得久了，竟也不知不觉地明了了不少的地势和记忆了不少的地名。而且这种明了和记忆都出诸自然，非由强记，它的经久力也比较在教室中得来的强得多。所谓自然之效，当然不能与勉强从事的相提并论啊！由此类推，凡日常琐屑可供我们研究的正多，大而至于季候风信的起因和影响，小而至于当前器物的来源和转运，都是现成的材料，大足为我们研究地理的对象。假使能够随时抓住一个要点来根究一番，即令所得甚鲜，或者太片段了，终比呆

---

① 即雾社起义，1930年10月27日，台湾雾社（今南投县仁爱村）地区的高山族人民，为反对日本帝国主义的血腥统治而掀起的一次大规模武装起义，后被日本殖民当局残酷镇压。编者注。

② 即充足。编者注。

呆板板地死守着教科书要高明一些吧！

我想到的只这一点，实在太平凡了。但我自忘其陋，终以为真实是建筑在平凡上面的，所以很想在这篇短短的谈话后面更把学习地理的工具再来平凡地说一下。讲到工具的设备，关涉到的方面正多，使用到的仪器不少，真是"谈何容易"！然而我们不要忘了一句话，原来我们中学生的地位不是所谓专家，只是平凡的实际求知者。因此，专门的设备暂时实无须乎此；所急待需求的，乃是简单小常切实易行的小工具。直截了当，只是使用地图和随手笔记两事而已。如果我们常备一本比较精细而新颖的地图，不论遇到上述任何例题或别有新问题发生时，取来随时对勘，则不但印证有资，不致漫无着落，而且方位远近和道路关联等等诸杂项，也会因屡屡覆按之故而得倍加熟习的效益。同时把学习所得的结果随手录入笔记，以备将来的修正或做进一步的研究，则经过的情形既灼然而不混，那么逐步进益的成绩也就确乎其难移了。但地图的选择至少须有三个基本的条件：第一，要正确地测绘；第二，要最新的调查；第三，要编制得妥善。至于装潢的美观与否和彩色的鲜艳与否，尚是次要的问题。现在坊间所出的地图——外国辑印的除外——以量论，不为不多，且尽有彩色鲜艳或装潢美观的。可是要它勉合基本条件的，实在不大容易碰得到。据我个人所见，比较近于满意的，只有下列的四种：

中华析类分省图	册装彩印	武昌亚新地学社出版
中华最新形势图	册装彩印	上海世界与地学社出版
世界大地图	单幅彩印	上海商务印书馆出版
最新世界形势一览图	册装彩印	上海东方舆地学社出版

其中以第一种的编制为最善，第三种的绘法为最新。虽出版已微嫌稍久，最近的变革或尚有多少遗漏的地方，然而目下此种图籍在出版界已属仅有的产物了。因敢附带地介绍一下，做此谈话的煞尾。

　　这是好几年前的旧稿。但这几句朴质的说话，现在尚无以易此。……乘此书重版复校之便，顺为介绍。

　　　　　　　　　　廿九年①三月十六日伯祥附识

---

① 民国二十九年，即1940年。编者注。

刘薰宇（1896年—1967年），贵州贵阳人。早年留学法国，在巴黎大学研究数学。回国后返立达学园，并兼课暨南大学、大夏大学、同济大学。后到贵阳市第一中学、西南联大任教。曾创办《中学生》期刊，并担任上海开明书店的编辑。著有《数学趣味》《因数与因式》《苦笑》等。其著作对中国现代数学影响深远，诺贝尔物理奖获得者杨振宁院士，其著名数学家、国家最高科技奖获得者谷超豪院士都曾受益。

怎样学习数学

依我的经验，在中学校修学的青年朋友们，对于数学科的态度约有三种：第一是爱好的，第二是勉强而带怀疑的，第三是头疼的。第一种，大约是比较对付得过去，在里面感到一点趣味，所以虽然追究他们为什么要学数学的动因，不免也有不少的功利思想羼杂在里面，但趣味超过了这功利思想，他们便很有点茫然往前的状态。第二种，因为要勉强一点才对付得过去的缘故，自然不大能深入地感到趣味，因而功利思想常常浮泛在脑中，苦恼无状时，便不免要问一问："学数学有什么用？"吃苦，勉强总应当有所为的，不是吗？至于第三种，那可说是既不急于功利，而又不大能勉强的朋友。

在这里要来说数学科的学习法，究竟以哪一种朋友做对象好呢？我一直在心里思索着这个问题。《中学生》的爱读者究竟是哪一种态度的青年朋友占多数呢？客观的事实，姑且存而不论，就《中学生》的编者的主观说，当然很希望无论哪一种态度的中学修业的青年朋友都爱好它。那么，我似乎应当开一剂万应药方了。然而这可能吗？

且丢开了现在实际的状况，所有中学修学的朋友们是不是都高兴数学科，这我想不必管它，但他们都应当学习，是不容怀疑的。为什么应当？要回答这问题，大约跳不出功利的圈子了。

本来，什么艺术、科学，一向都有人要追问它们的目的。有人说：为艺术而艺术，为科学而科学，这算是超功利的。但同时又有人说：它们都是为人生；将人生说得更简单明了一点，那就是为吃饭。中国人，从一般的情形看去，好像最会讲实利的了，所以什么"无所为而为"只好算是高调，因此第一派超功利的目的论，常常不会叫人满足。为了这缘故，虽则学习数学有它本身的目的，换句话说，就是数学有它自己的天地，对于和它亲近的朋友，自然有一种当不来饭吃、换不来衣穿的报酬；但我觉得即使对于青年朋友们不说到这一层，只功利地来讲讲学习它的目的，也没有多大的错误。

在中等学校里面修习数学科的目的，具体一点说，究竟是什么？

第一，我们应当知道，现在中学校里的一切课程，无非供给修习的人一些较进步的普通的常识，替后来打番基础。假如进到中学校里，以为就是在"研究"什么高深学问，出了中学

校就可成什么"家"、什么学者，那只是夸大的想法！抱着这样
的念头跨进中学校的门，结果只会第一天失望，第二天更失望，
终于扫兴而退的。在这原则下面，学习数学科不会给你看得出
什么成就，也正如学习语文科不会就让你成就文学家一般。然
而这一层，我要奉劝许多中学修业的朋友们放心，实情虽如此，
却也并不便是吃亏。就年龄说，进中学校的时期假如不进学校，
也不过正好去工厂或商店当学徒，当学徒也要三年才会满师，
满师以后怎样呢？是的，可以找到一个吃饭的位置了，这似乎
比初中毕业的来得上算些。但我请大家想一想，这种刚才满师
的学徒，究竟他们能赚到几块钱一个月？像这类的事，中学毕
了业的，真是找不到手呢，这是自己不愿干呢？至于前途的飞
黄腾达，中学毕业生固然渺茫，但工厂或商店满师的学徒又真
有几个能有把握吗？所以，我们首先就得认清楚这一点，在中
学校里修习数学科正和修习别的科目一般，只是可以得到一些
这一项科目当中的常识，懂得一点基础的方法。至于这些常识
和这些方法，将来能给各人以何等的效果，那却一言难尽了。
不过有一种反面的事实，我却可以举出来给大家参考。我常常
碰见许多朋友，他们向我提出这样的问题："要补习点数学，比
如粗浅地可以懂得点微积分是可能的吗？""大约要多少时候？"
这些朋友当中，有的是专攻生物学的，有的是研究社会科学的，
还有攻习哲学的从他们的提出这种的问题，就可知道他们怎样
迫切地需要一种数学的常识，——真实是这样，就是学习过了

初步的微积分，也只好算得刚具备一种数学的常识，——中学校修业的人无论在事业上在学问上，将来自己走到什么一条路，谁也说不上来，那么储蓄一点相当的常识，岂不是很必要吗？

这算是中学这一阶段修习数学的根本目的。除此而外，也还有很重要的，那就是头脑的一种训练。说到头脑，很易叫我们联想到什么天才和蠢材。究竟所谓天才是什么意思？是不是一种对于一切都可不学而能的超人？世界上真有没有这样的天才，我们不必去管；我只要说训练头脑，并不是说会使"蠢才"变"天才"的意思。人既号称为理性的动物，那么是思考的能力，谁也具有的，除了一部分病态的白痴，我不相信人的思考力有什么先天的差异。有些人能够成为学者、著作家、发明家，这全然是后天的训练。以跑腿为生涯的人，自然腿粗；做钱庄掌柜的，自然有锐敏的辨认货币的眼光……这全是一种训练。在中学校里，数学科的目的，我认为还是给头脑一种训练这一层更重要。一个题目拿到手里，先得有门路去想，想好了得有耐心去算，算的时候，得小心谨慎地一个符号一个数字都马虎不得。这些动作偶一为之，是不会让人就得好处，但每天反复几次，就会使人养成一种习惯，增进一种能力，所以学数学能够知道怎样去照公式算题目，固然是紧要，但能切切实实地埋了头去算题目也一样紧要。从计算题目中可以训练注意集中、思索周密、耐烦细心的习惯。这些习惯，真做学问的人固然少不来，就是做事业的人也少不来。其实，说句笑话，就是不想做学问、事业的人，有了也不是坏处，难道一个人当真是越糊涂越幸福吗！

归结起来，在中等学校里学习数学科的目的：

第一，是得到一些数学中的常识。

第二，是借它做一个训练头脑的机会。

就依了这两个目的来说一说数学科的学习法。

修习一种学科，先要认清修习的目的，固不必说，但只是这样远不够，必得要辨清它的性质。

数学大部分说来，是一门演绎的科学。所谓演绎，就是从普遍的原理抽绎到特殊的事象。"凡生物都是要死的"，这算是一个普遍的原理；"人都是生物"，这也是一个原理。从它们就可抽绎出"人都是要死的"这么一个结论；这便叫演绎。"人都是要死的"这个结论，差不多是尽人皆知的了，但真的尽人皆知吗？就没有人相信长生不老的可能吗？归根到底要相信"人都是要死的"这个结论，必得先要相信"凡生物都是要死的"和"人都是生物"这两个原理。究竟凡生物所以不能免于死的理由是什么？换句话说，这个原理也仍然可以是别一个更普遍的原理所抽绎出来的结论。不过这样地往后追寻，在有些科学当中却不可能，因为它们所使用的基本原理和所研究的普遍法则，有些是从若干个特殊的事象合并在一淘异中求同得出来的。至于数学，那却不是这样，它的全部的基础只建筑在几条很简单的公理和几个定义上面。这些公理和定义是不容许再怀疑再追求的，实际也就是照我们一般人的想法，它们是无可怀疑的。比如说，"等量加等量，结果仍然相等"，这是一个公理；固然没有人能证明它怎样会对，但同时也就没有人不承认它，因为并没有人可以提出相反的例来。

从全部数学看去，枝叶十分繁茂。但寻根究底都只是从极少数很简单的原理定义抽绎错综出来的。为此，学数学的第一步功夫就是认清楚这些公理，弄明了这些定义。说来这虽是卑之无甚高论，但一般初学数学的人，却就缺少这个功夫。记得有一次在某中学任职时，入学试验的数学题，我曾经破了一次老例，一个计算题都没有，只不过问些名词如减法、乘方、倍数之类的解释，结果竟不能得到一本及格的卷子。减法、乘方、求倍数，我可以断定那次受试验的人至少有百分之八十能做得上来的；然而一问到什么是减法、什么是乘方便回答不来，这是什么缘故呢？只能够依样画葫芦地算题目，并不能全然了解数学中的各种概念，这算得尽了修习数学的能事吗？

实际，一个概念弄不明白，那么和那个概念相关联而生的各种法则，绝不能充分了解，应用自如。比如，因为3个加5个等于8个，然后知道8个减去5个是3个。有人问你8减去3是什么，你能回答道5；但这就够了吗？倘使他问你为什么知道是5，一定要你回答得上来，因为它加上3就得8，这才算你真是知道了这算法。然而这就是根据减法的定义来的。所以若减法的定义没有弄清，便只得照习惯或模仿回答出那答数，这并不能就算真的懂得了。

关于这一层，从算术代数上来说明，比较困难，若于几何上讲，那就更明白了。几何上每提出一个名词，总得给它一个精确的定义，有许多的定理直接就由那定义产生出来。所以倘使对于一个名词的概念先不清晰，那么，相因而来的定理也就不会明白了。再举二三个简单的例：比如3乘0得的是0，5除0得的也是0，但常常就有人会得出一条来；又如$\frac{15}{21} \times \frac{7}{5}$本来得的是1，有的人将分子和分母先对约了一阵，便也就得0；这些全是概念没有弄清所生出的错误。

乘法，原只是一种特殊的加法的简便方法，2乘3就是两个3相加的意思，若真弄清这个概念，那么3乘0便是3个0相加的意思，无论多少0相加都只能得0，3乘0自然不是1了。

除法本是乘法的还原，5除15，就是要找一个乘了5可以得出15来的数，所以我们说这数应当是3。但是乘了5得0的数只有0，绝不是1，因此得1便是错的。

第三个例，我先将运算写下来，那就是：

$$\frac{\overset{3}{\cancel{15}}}{\underset{3}{\cancel{21}}} \times \frac{\cancel{7}}{\cancel{5}} = 1$$

这个式子，照约分的意义是将分母分子的公约数去"除"分母和分子，所以第一步用公约数5去约，分母的5被约成1，分子的15被约成3；第二步用公约数7去约，分子的7被约成1，分母的21被约成3；第三步再用公约数3去约分母和分子被约得出来的3，它们就都被约成了1。到这一步，我们所剩的实在是 $\frac{1}{1} \times \frac{1}{1}$，它的结果应当是1。但因为这约分的概念没有十分弄清，而计算时照前面的形式又将所约得的4个1都略了不曾写出，于是乎便生出得0的错误来。

　　基本的公理和概念弄清，这是第一步功夫。其次便是注意各种法则或定理的演进的程序。这一方面自然为的是非这样不能真懂得，而他一方面也是记忆上的一种逻辑的联络。用一部初等算术教科书中所讲的方法来做例，那就有下面演进的程序。数是积累而生的，1加1是2，2加1是3，3加1是4；所以第一个基本的法则是加法；加了有时要还原，所以有了相反的减法；加法有时只是若干个相同的数在相加，为了简便，所以有乘法；乘法有时相乘的各因数是相同的，为了简便，所以有乘方；乘了要还原，就生出相反的除法；乘方要还原，便有开方；从乘除的数的关系上，便生出约数、倍数这些法则；除法往往除不尽，为了要研究这种除不尽的数的许多性质和计算，便有分数、小数；由几个分数的相等便成比例。一本初等算术教本当中所说到的法则不过只有这一些，倘使修习的人能够从加法起就将概念弄得清楚，而且把逐步演进的关键透彻地了解，这就可以算得全部地懂得了，至于能否熟练，那是练习的工夫的问题。在算术中除了上面所提到的各种方法还有什么百分法和利息这一类，但它们并不是什么本源的方法，只不过前面所说到的各种方法的应用，只要真能将各种方法都弄清楚了的，一定可以一看就明白，"无师自通"！

法则和定义都能明了以后，进一步就是留意它们成立的条件和能够使用的限度。这一点就几何说，更其明了。例如四边形：对角线互相垂直的只有鸢形（有两双相邻的边相等的四边形）；对角线互相平分的，只有平行四边形才具这个性质；至于对角线互相垂直平分的却只有正方形和菱形。若就角说：相对的二角相等的，只有平行四边形；而四角都相等的便只限于矩形和正方形。这些本来一说就可以懂得的，但应用起来能够一点不含混，却不是容易的事；并且这里所举的例原是比较简单明了的，若稍复杂一些，我们往往就易于忽略过去。

若修习的人，对每一个法则、定理都能辨清这一层，在数学的理解方面可以说已有八九分的功夫了。但修习数学不只是能够理解就可了事的，必得还要能应用。说到应用，自然以娴熟为上乘，娴熟中便能含有巧妙。不过关于这一点是无法具体地提出什么方法来让人好照着做的。所谓熟，原是多努力的必然结果，除了多多努力做练习，再没有什么捷径。至于"巧"，那更是熟了的结果。从他一方面说，一个定理能不能被我们应用自如，一方面当然要看我们对于它的理解是否透彻，再一方面，那就是关于我们的记忆和联想。

学习数学是不是需要一种强力的记忆呢？我的回答是一个"是"字。关于这一点，很有不少的人误解，他们以数学靠的是

"想"，而不是"记"，和读外国文、历史、地理这些科目正相反。其实这只是一个错误的观念。一册教科书里，每讲了一个法则和公式，接着就有十个二十个练习题，这些题目，十有八九都是可以依样画葫芦做的。修习的人，自己做这一类的练习题，固然也可以说就是在应用它们所跟随着的法则或公式；但与其这样说得像煞有介事的，倒不如说为的是帮助记忆还来得更切实些。无论说它是在应用法则和公式，或是在练习记忆它们，总之，这些题目总是越多做越好。

肯定了修习数学须得有一种强力的记忆，记忆力本来也是因了后天的训练可以增强的，所以相当的训练也少不来。现在姑且来大略地讲点记忆的方法。照心理的现象说，要记住一个印象有三个条件：一是印象收取得很强，二是反复的次数多，三是在脑中有适当的连缀。关于第一点，除了学习的时候能集中注意外，大约无可为力。第二点，当然容易明白，学了一个法则或定理，须得温习它几次。这虽是极其明了的，但依我的观察，大多数初学数学的人就不曾留意到；每每听着教师讲了一个法则或定理，依稀仿佛地记得一个大概，便动手做起题来，及到题目做不了时，才去翻那法则或定理来对，仍然是马马虎虎地能依样画葫芦就完事。题目做完，这法则、定理也就放下；记得嘛，是托天之福自然记得的。其实真正修习数学，在着手做题以前，对于那刚学的法则或定理，应得下番记忆的功夫固不必说；就是题目做完后，也需要相当的温习。一本教科书，死板板的，要翻去翻来地看三五次，自然不免有些单调乏味；为补救这一层，所谓多看参考书，就很必要。

至于第三点，所谓连缀，有两种形式：一是逻辑的，一是非逻辑的。数学这项科目本来秩序很紧严，所以若能循序渐进，一步不放松，逻辑的连缀就很自然地存在着。但事实上，我们记牢一个印象，有时倒是非逻辑的连缀的力量强。不过，这一层完全看各人的习惯；有的人欢喜将类似的连缀着，有的人却又欢喜将相反的连缀着；有时，还有将极不相干的来相连缀的。因此，我没有方法来举什么例，我只能说，要记忆数学上的法则和定理，单靠死读，却是难能而不可贵；——死读定理的朋友，我确实见到过有一些！

上面说的，都是关于学的方面，总括起来，共有四点：

第一，将一切的概念弄清楚。

第二，注意演进的程序。

第三，留心各种法则成立的条件和使用的限度。

第四，多做练习，并熟记所学的事项。

从前人讲学做文章的方法有所谓三多——多读，多做，多商量——其实学数学，功夫要切实，也只有依赖这三个呆条件。数学中虽有些巧妙的地方，但修习数学绝没有什么"巧"可取。

对于数学，照上面所讲的四点去学，自然可以得到了大半的成功，但只是学还不够，必得要习——多做——就是说做题也非常重要。有许多人修习数学，不高兴做题，简直只用了读小说消遣的态度去对付，这当然是根本的错误，因此以下来说关于做题的话。

一个题到了手，怎样去应付它，这是因了题目的性质不同而有差异的，本没有什么普遍的法则可说，在这里只能大约地讲几点应当有的功夫。

就题目的性质说，大体可分成两大类：一是只凭了记忆，用不到什么推想就能做的；二是须依赖一番思索才能下手的。举几个例，如四则问题的式子的计算，如复名数的化法的计算，再如分数式子或比例式子等的计算等，又如代数中依公式解二次方程式，几何中量的题目的计算，这些都居于第一类；其余不能直接就照法则和公式运算的便都是第二类。

第一类既然单凭记忆，那么只要概念清楚，法则熟练，运算的程序不紊乱，计算时能够小心，就不至有什么错误。大多数修习数学的人对于这一类的题目差不多都可以对付得过去，所以现在不用再辞费了。

至于第二类的题目，虽则因了所需要的思索的程度有浅深的差别，但怎样去思索，却根本上没有两样，有些人呼这第二类的题目叫"理想题"，这个名字固然不十分妥当，但说起来也还便当，姑且就用它吧。

一个"理想题"到手，怎样应付它呢？

第一步，须得将它整个地讲解清楚，记忆明白。许多人做"理想题"的态度，总体说来和做"非理想题"没大分别，见到题目，还没完全看清，就凭了一点类似的关联去仿照已习过的下手。这自然徒劳无功。一个题目所提出的是些什么条件？它所要我们找寻的是什么？这是得先弄明白的。弄明白了还不可以只是看着题目思索。因为对着几十个字的题，我们的眼睛可集中注意的不能是全体，若这样地思索，往往只能从一两点模模糊糊地去摸索。所以对于题目不但要解释明白，而且还得记忆清楚。即如做几何上的证明题，先就是依了题将图作好，假设和终结写明白，然后才可开始去想。

第一步功夫做过了，这就到第二步，是不是便来猜谜式地想呢？不是，不是，数学的题目是用不着猜的！第二步功夫便是记忆起和这题目有关系的许多事件。

这些事件自然不能全都有用，于是第三步功夫便是对于它们加以选择，先淘汰极不相干的，次淘汰关系较少的，一步一步地追寻下去，自然就可有相当的发现了。

对付一个"理想题"，所可说的不过如此，这太抽象了，是不是？然而要具体地说，是没有方法可以说得普遍的。从另一方面说，这第二、第三两步，似乎很繁重，但这只是因了用语言说出来的缘故。实际上我们思索的过程绝不会很呆笨的，这里面自然有所谓"巧"和"不巧"的问题，所谓"巧"就是能很简捷地便想到和题直接有关系的条件，不多费选择的工夫。但这个"巧"并不是真靠什么天生的聪明，也仍然是一种训练的结果。初修习数学的人，无妨老实点，多从各方面去用功夫思索，习惯了，自然有些"巧妙"可以得到。这里来随意举两例。

（一）钟上的时针和分针，在三点钟和四点钟中间，什么时候成直角？

这题目已很明白，所给的条件是时针正指着三点，它的分针正指着十二点；而所求的是走到三点几十分（三点钟和四点钟中间）它们成为一个直角。

记好上面的条件，我们便思索一些相关的事实：

（1）全个钟面共分成十二等份，每等份是五分钟。

（2）全个钟面恰是一个周角，三百六十度。

（3）由这两个条件，可以知道钟面上每五分钟恰是三百六十度的十二分之一，三十度。

（4）一个直角是九十度，所以应当占钟面上三个五分钟，即十五分钟的角度。

（5）依前一个事实，三点钟的时候，两针恰成直角；但这不是题目所问的意思。

（6）从三点钟起，两针要再成直角，必得分针追上时针的前面十五分钟。

（7）原来分针是在时针的后面十五分钟，所以一共它得比时针多走三十分钟。

（8）分针走一周，时针只走十二分之一。

上面所举的条件自然都是本题要用到的（依了各人的联想，当然还可有许多不相干的事实被想出来，因为于解题无关，所以只得从略）。现在就进一步来解答本问题了。依了上面的思索，我们可以将本题变成这样的形式：

"分针走一分钟的时候，时针只能走一分钟的十二分之一；问经过若干分钟，分针可比时针多走三十分钟？"

依了这样想下去，第一我们就得问究竟分针每走一分钟比时针能多走若干距离？这自然是求两个同类量的差，只须用一个减法就成了；实际是一减去十二分之一，即十二分之十一。

这就到了最后的一步了。分针每走一分钟可比时针多走十二分之十一分的距离，那么，它一共要走多少分钟才能多出三十分钟的距离呢？倘若我们没有忘掉倍数和除法的概念，我们立刻就可以想到是应当用十二分之十一去除三十，这一除就得三十二又十一分之八。

就是说，三点三十二又十一分之八分钟时，时钟上的两针成直角。

把这些过程用一个式子连缀起来，那就是：

$$(15分 + 15分) \div \left(1 - \frac{1}{12}\right) = 30分 \div \frac{11}{12} = 30分 \times \frac{12}{11}$$

$$= \frac{360}{11}分 = 32\frac{8}{11}分。$$

（二）若 $x : a = y : b$，证明 $\sqrt{\dfrac{2x^2 + 3y^2}{2a^2 + 3b^2}} = \dfrac{x + y}{a + b}$。

这个题目的条件和所要求的事项都很简单明了，但和前一个例题显然不同，就是无须凭借什么事实，完全只是数的关系的变化。因此我们第一步，就得想到有什么公式可以运用。又因为所给的条件只是一个极简单的比例式，我们便极容易地画定了范围，在比例式的变化中去思索。结果所有几个基本的变化式子都无法比附上去。到了这一步，我们只好另外找法子了。

至于这另外找寻法子的路，大体是因题目的性质而不同的，就本题说，我们可有两个方法，都是证明比例的变化常用的，因此不妨选一个来应用。这里将两法都举出来：

（a）直证法：设 $\dfrac{x}{a} = \dfrac{y}{b} = k$，

则（i）$x=ak$，　　（ii）$y=bk$。

因为要证的式子的左边 x，y，a，b 都是平方，所以就得（i）和（ii）的两边平方就得：

（iii）$x^2=a^2k^2$，　　（iv）$y^2=b^2k^2$。

再看要证的式子的左边，根号内分母分子的第一项都在（iii）式中，而且同有系数2。而第二项都在（iv）式中，而且同有系数3。所以我们可用2乘（iii），用3乘（iv）：

（v）$2x^2=2a^2k^2$，　　（vi）$3y^2=3b^2k^2$。

由（v）和（vi）一看去就可明白，若将两式相加，左边便是要证的式子的左边根号内的分子，因此就不妨将它们相加：

（vii）$2x^2+3y^2=2a^2k^2+3b^2k^2=(2a^2+3b^2)\,k^2$。

$$\therefore \frac{2x^2+3y^2}{2a^2+3b^2} = k^2，\quad \therefore \sqrt{\frac{2x^2+3y^2}{2a^2+3b^2}} = k。$$

但是由题目上所给的比例式和基本的比例式的变化，我们应当知道：

若 $\dfrac{x}{a} = \dfrac{y}{b}$，则 $\dfrac{x+y}{a+b} = \dfrac{x}{a} = \dfrac{y}{b} = k$。

所以 $\sqrt{\dfrac{2x^2+3y^2}{2a^2+3b^2}} = \dfrac{x+y}{a+b}$ $(=k)$，这就证明了。

（b）解析法：设（i）$\sqrt{\dfrac{2x^2+3y^2}{2a^2+3b^2}} = \dfrac{x+y}{a+b}$ 这个关系是可以成立的。

将两边平方（ii）$\dfrac{2x^2+3y^2}{2a^2+3b^2} = \dfrac{(x+y)^2}{(a+b)^2}$，

去分数（iii）$(2x^2+3y^2)(a+b)^2=(2a^2+3b^2)(x+y)^2$，

将两边展开，并且把左右两边相同的项消去，

（iv）$4abx^2+a^2y^2+6aby^2=4a^2xy+b^2x^2+6b^2xy$。

在这个式子里因为 $\dfrac{x}{a}=\dfrac{y}{b}$，所以 $bx=ay$，所以 $4abx^2=4ax(bx)$ $=4a^2xy$，恰好和右边的第一项消去；并且 $a^2y^2=b^2x^2$ 也正好对消，所以得：

（v）$6aby^2=6b^2xy$，

就是 （vi）$ay=bx$，

也就是 （vii）$\dfrac{x}{a}=\dfrac{y}{b}$。

最后一个式子正是题目上所给的条件，因此我们假如照着上面的步骤倒做上去，就可得出所要证明的式子了。

前面两例中，第二例所用的方法只限于某一类题可以使用；像这一类的方法，各类题目都有特殊的可以提出，因此，修习

数学的人对于别人所做好的例题，仔细去玩索，也很有利益。

关于做题的例，要举是举不尽的，修习的人随处注意，自然可以得到不少的帮助，下面我将从另一方面来说做题的话。

我先提出一个问题来："数学的题目是不是能将结果做出就算完事了呢?"

我的回答是一个"不"字。

对于一个题不但要做得"对"而且还要做得"好"；正如做文章不但是要做得"通"还须做得"好"一样，不过文章好的标准很难具体地说，至于数学上的做题倒有几个标准可以提出：

（1）理由充足。

（2）方法简捷。

（3）形式明晰。

我不从正面来解释这三个条件，我且举几个可以算得"对"，而不能算是"好"的例来批评——它们全是我由某校的试卷中检出的。

（1）$[75 \times 3 + 5 \times 20 + (18+3) \times 2^2] \times (10-2 \times 5)$

$= [75 \times 3 + 5 \times 20 + (18+3) \times 2^2] \times 0 = 0$。

（2）$\dfrac{10}{27} \times \dfrac{9}{25} \times \dfrac{15}{2} = \dfrac{10 \times 9 \times 15}{27 \times 25 \times 2} = \dfrac{1350}{1350} = 1$。

（3）做工8日得工资3元2角，问做工几日能得工资4元?

$\because 32 : 8 = 40 : x$，$\therefore x = \dfrac{8 \times \overset{10}{\cancel{40}}}{\underset{4}{\cancel{32}}} = 10$日。

（4）（3时45分×2）$-2\frac{1}{2}$=7.5时-2.5=5时。

（5）（假设）$ABCD$ 是内接于圆的菱形。

（终结）求证 $ABCD$ 是正方形。

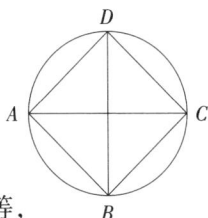

（证明）$\because ABCD$ 是一菱形，其四边各相等，

但 $\angle DAB = \frac{1}{2}\angle R$（半圆的角），

$\therefore \angle ABC$，$\angle BCD$，$\angle CDA$ 皆为直角。

又 $AB=BC=CD=DA$，

$\therefore ABCD$ 为一正方形。

（6）相交二直线 OX，OY，OX 被 M 内分，OY 被 N 内分，并且

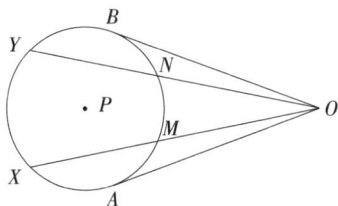

$OM \cdot OX = ON \cdot OY$；证明 M，N，X，Y 为共圆点。

（假设和终结略）

（证明）过 N，M，X 作 P 圆，作切线 OA，OB。

$\because OMX$ 为 P 圆的割线，$\therefore OM \cdot MX = \overline{OA}^2$

（自圆外一点所作之割线在圆内之线段与圆外之线段之乘积等于自此点所作之切线的平方。）

但 $ON \cdot NY = OM \cdot MX$，

∴$ON \cdot NY = \overline{OA}^2$。

今 $OA = OB$（自圆外的一点所作切线相等）

∴$ON \cdot NY = \overline{OB}^2$

∴ONY 必为 P 圆之割线。

即 Y 点亦在 P 圆之圆周上。

在这六个例中，大体说来，都可以算过得去了，但总只好勉强算是对（也有不全对的），而不能认为好，试逐一加以批评。

（1）方法固然简捷，但因为太取巧的缘故，形式和理由上都未免欠缺，因为在过程中不曾将第一个括弧的结果算出，只凭了乘数是 0 便说结果等于 0，理由不大充足，为的是 8×0 是一种不定形，所以若不能决定第一个括弧的结果是 0 或有限数，那就不该贸然把这乘积等于 0。

（2）理由固然充足，形式也很明晰，但方法却欠简捷，在第一等式的后面应当按约分法将分母和分子尽量地对约如下：

$$\frac{10}{27} \times \frac{9}{25} \times \frac{15}{2} = \frac{\overset{5}{\cancel{10}} \times 9 \times \overset{3}{\cancel{15}}}{\cancel{27} \times \cancel{25} \times 2} = 1。$$

（3）方法和形式都没有什么问题，但从理由方面说，却是根本的错误，因为那比例式的第一项和第三项是工资，第二项和第四项是日期，但不是同类量不能相比，所以前两项和后两项都各不能成一个比的。为什么理由不合而又能得出"对"的结果呢？这是因为比例式的内项或外项可以交换的缘故，但关于这个定理，应当注意它的成立的条件。它只限于四项都是"数"说的，若四项是"量"而非"数"那就不合理了，因此本题的比例式应当是：

32 角：40 角 = 8 日：x 日。

（4）方法上没有什么毛病，但于形式和理由都欠妥当。第一，先乘除后加减是一个式子当然的顺序，所以括弧是多用的。第二，名数乘不名数得的是名数，这自然没有错误，但从名数减去不名数是不可能的，所以 $2\frac{1}{2}$ 和 2.5 都不应当将"时"字省了去。

关于（5）（6）各例缺点更多，这因为几何题的证明要弄得条理清楚比较困难的缘故，所以我更仔细地来批评它们。

（5）第一行的"∵"缺少了呼应，照原作看来，形式上是关联到第三行的"∴"；因为要"∵……但……∴……"这才成一个句子，就意思上说第一行应当是"∵……'∴'其四边互相等"（原来的"各"字也不十分妥当）自成一句。

第二行说但 DAB 角等于直角，理由是"半圆的角"，这有三个毛病：第一，"半圆的角"的意义欠明白，应当是半圆周的内接角或弓形角；第二，DAB 弧是半圆，必须 DB 是圆的直径，但内接于圆的四边形，它的对角线不一定就是那个圆的直径，所以这一点先须加以证明；第三，"但"字和第三行的"∴"在文意上是相呼应的，而实际上，第三行所说的 ABC 等角皆为直角，只是和第二行同一个理由，而并不是第二行的结果。所以"但"字不妥帖，而第三行的"∴"也没来由。

第四行和第一行重了。

（6）第一行作切线 OA，OB，其实只须作一条就够的（见后面）。

第二行后面所引的定理只是依稀仿佛的，因此前面的等式应当是 $OM \cdot OX=OA^2$ 也弄成了 $OM \cdot MX=\overline{OA}^2$，这就是对于学过的定理不明确地认识和记住的缘故。原来的定理，照原作的调子说应当是"'自圆外一点所作之割线"全线段"——不是"圆内之线段"——与……'"。

因为第二行马虎了，所以跟着第三行也马虎起来，将 $ON \cdot OY=OM \cdot OX$ 弄成了 $ON \cdot NY=OM \cdot MX$。

接着第四行的 NY 也应当是 OY。

第五、第六、第七三行全是多余的，因为由第三行根据第二行所引的定理的逆定理，就可推得第八行的结论。ONY 和切线 OA 比较同着和切线 OB 比较是一样的事，所以用不着多绕一个画蛇添足的大弯子。

其实（5）（6）两例原来所用的方法，都不很简捷，第（5）若利用"内接于圆的四边形的对角为补角"这个定理，而第（6）利用这定理的逆定理，比较更便当些，且将它们的证明写在下面：

（5）∵ABCD 是菱形，

∴∠A=∠C。

但∠A+∠C=2∠R（内接于圆的四边形的对角为补角）。

∴2∠A=2∠C，即∠A=∠R。

同理∠B，∠C，∠D 全是直角。

又 AB=BC=CD=DA（菱形的四边相等），

∴ABCD 为正方形。

（6）∵OM·OX=ON·OY，

∴$\dfrac{OM}{ON}=\dfrac{OY}{OX}$，

而∠MON=∠YOX（共通），

∴△MON∼△YOX（两边成比例夹角相等），

∴∠OMN=∠OYX（相应角）。

但∠OMN+∠NMX=2∠R，

∴∠OYX+∠NMX=2∠R，

∴M，N，X，Y 为共圆点（四边形的对角为补角，则内接于圆）。

由上面的各项批评，可以知道：做一个数学题，不但有对不对的问题，也还有好不好的问题；并且所谓好不好的标准大体也可以明了了。不过除却上述的三个标准外，还有一个条件也是重要的。

一个题目，解答的方法，往往不止一种，若只就对不对说，那自然无论采用哪种都可以的；并且倘使对于上面所提出的三个标准都没有什么欠缺，那自然也可以认为好了。不过好坏原是比较的，所以因为采用的方法不同，就可另有一种好坏可以批评，这种的标准又是什么呢?

采用的方法越简便，依据的定理越普遍，那就是越好。本来，求简便和求普遍都是科学的根本目的。为此，修习数学的人，一个题到手，即使做对了，也还可以思索一下，究竟能不能再寻出另外的方法来解答，而且各种解答中以哪一种为最好。再举一个例。

8个人做5天的工，每天工作9小时，能种80亩地;问每天做6小时，种120亩地，要15天完，需多少人?

这个题目，用四则问题中的归一法的原理，可以照下列的步骤计算:

（1）8个人做要5天，所以1个人做就得要40天（8乘5）。

（2）每天做9小时，所以1个人做，总共需要360小时（40乘9）。

（3）1个人这样多时间种的是80亩地，所以1亩地需工作4小时半（80除360）。

（4）现在要种120亩地，就一总应当要540小时（120乘4小时半）。

（5）但每天做6小时，所以需90天（6除540）。

（6）这只是就1个人算，若要15天就完工，只得加增工人，所以需6个人做（15除90）。

本题就是这样算法，本没有什么不对，但和用复比例计算相比较，虽则在原理上并无不同，究竟是第二种方法较好些；它的计算如下：

$$15天 : 5天$$
$$\because \ 6时 : 9时 \bigg\} = 8人 : x人$$
$$80亩 : 120亩$$

$$\therefore x人 = \frac{\overset{3}{\cancel{5}} \times 9 \times \overset{\overset{2}{\cancel{12}}}{\cancel{120}} \times 8人}{\underset{3}{\cancel{15}} \times 6 \times \underset{10}{\cancel{80}}} = 6人$$

上面所举的例和所提到的都只在初中数学科范围内，但这不是本文只以初中的朋友为对象的缘故。只为的是这样比较浅近些，并且，数学是循序渐进，无法躐等①的；若初步的基础，修习的习惯好，再进一步自然有路可走，用不着再说什么修习法。至于把数学当成专门学问，终身研求，那所谓数学的方法论自然非常重要，但不是几个浅近的例就能粗枝大叶地讲得明白的，只得放下了不提。

---

① liè，逾越。躐等，即不按次序。编者注。

周建人

周建人（1888年—1984年），初名松寿，乳名阿松，后改名建人，字乔峰，浙江绍兴人，鲁迅三弟。中国民主促进会创始人之一，现代著名社会活动家、生物学家、鲁迅研究专家和妇女解放运动的先驱者。潜心研究生物学23年，并从事著译工作。曾在原上海暨南大学、安徽大学任教。

生物学和我们

一　什么是生物学

生物学是西洋字 biology 或 biologie 的译名，bio 是"生"的意思，logy 是学问，合起来意思是研究有生命的东西的学科。要合科学地说明无生物和生物的分别究竟在那里不是容易的事情，但哪些是有生命的东西，又哪些是无生命的，我们却知道的。草木虫鱼都是活的，它们都是生物学研究中的目的物。

是的，照正则的意思讲，生物学包括二分支的科学，即植物学和动物学，这里也作这意思用。但有时候，偶然也用以指动物学一方面的研究。例如有些目录上，讲述蜂类、跳蚤等的书列在生物学项下，讲植物的不加入，却归入另一类。许多流行的意见也以为生物学是研究动物方面的问题的。有时候，称研究植物或动物的形态、解剖、生理等学科为植物学或动物学，称研究变异、进化、遗传、生长、衰老等稍带理论的即哲学的性质的问题为生物学。这也是真的，研究这等问题时，往往不能搜集一方面的事实便算满足，常常须动物及植物二方面兼顾的。

二　农夫猎人和科学者的生物学

生物学并不是高妙的东西，就某种意义说，人人都是生物学者，俗语说"龙生龙，凤生凤，老鼠生来盘屋栋"，这是一般人的遗传说；又说"一母生九子，子子不相同"，这是他们的变异论。更有农夫、猎人和渔人，他们知道什么植物应该何时下种，壅什么肥，用什么方法驱除害虫和杂草；他们看见足印或粪便便知道这里有什么走兽，什么时候换毛、产子，若对于飞鸟，更知道它们何时南来，何时北去。渔人的生物学的知识也同样的丰富，他们知道什么鱼可用弹钓，什么鱼宜用网捞。放钓的时候，更知道什么鱼在若干深处，白条鱼常在水面，土步鱼匍匐河底，这是大家知道的，但他们更知道各层水中有什么鱼，用适当的方法以捕取他们所需要的种类。

这是他们的真才实学，赖这些知识去解决他们的生活问题，及生活中所遇到的困难。但他们的知识并不是从实验室得来的，也不是教授们讲给他们，或读自书本，不过因为他们在这样的环境里谋生活，遂于不知不觉之中获得了许多生物学的知识。虽然很明显，得自先辈的指导、同僚的互相切磨的也不少。

生物学者的知识和来源与他们完全不同的；近代的生物学者是从闲暇和富有里培养出来的，他们的口号是为了科学而研究科学，为知识而求知识，于实用上有无裨益与否说完全不管的。他们用染色术以显出看不分明的构造，用显微镜窥察肉眼看不见的东西。他们的疑问质之于农夫等等，固然他们将不知道农夫们会说些什么。但农夫们的知识如说出来，他们也将瞠目不解。

凡研究一种学问，求一种知识，皆需要适宜的环境的，要是没有这种环境，便无所措手。在种田、渔猎的环境之下，他能获得许多生物的习性和实用知识，在别一种环境下面，他才能研究科学的生物学。这环境应当有大图书馆、博物院、研究所或实验室；个人如欲建设一个实验室，购置应用的药品、仪器、书籍，往往超出个人的经济能力的，单就杂志说，据云世界植物学著名杂志就约有三百种左右，动物学的差不多，像美金一圆，中国做银圆五元计算的今日，若非社会上有这样设备，个人的能力能负担的要是有也只是少数人。

即使有这种社会的环境，个人的生活状况也是重要的，如果我们没有相常的闲暇，休想做这等企图。在今日的社会里，假使一个事务员或工人，早晨起来，洗面、漱口毕，吃点点心，已差不多是上工的时候了，出来已经傍晚，只有黄昏的一息时间是自己的。假使还有几个朋友要往来，有点应酬，有时假使还要走走公园之类，以及因小孩们吵闹、啼哭、生病而不能做事，还有什么多时间来研究生物学？如果是一个矿工，终日钻在矿洞里；丝厂工人，每日做工十二小时还恐不够哩！因此这些研究变了少数人的职务，教授们，每星期授课鲜有十二小时以上的，他们有书看，实验室又方便，尽量可研究；博物院的管理人，也是接近这方面的人，还有他种这类机关的专任的职员，如果离开这些环境，鲜有可能的。

三　研究生物学的价值

纯科学的生物学是从闲暇和富有里产生的已如前说，但便是此种超实用的纯科学也不是全不切实用的。我很怀疑，真是和实际生活无关的学问是否也能够长久存在？用望远镜看看天上的星好似于我们的生活完全没有裨益的，可是航海深赖天文学的知识，而航海和我们的实际生活的重要是人人皆知道的。地质学初看也似和我们的衣食住没有多大的关系，今日却知道这大有关系于开矿和农业，这两者和我们的关系又如何呢？

况且人不能"吸西北风"、食泥土而生存，空气及无机的矿物质于他的生存固然未尝不重要，但同时他不食动植物质也不能够生存。无论牛排、锅贴或面包，无不取自动物和植物。

人的皮肤是柔薄的，毫毛也疏朗，除却在热带，远不足以御寒冷。于是衣服遂成为必要。它的花样虽有多种，但材料不外乎动物的毛革、植物的纤维及少数别的。如果没有它们，我们必受寒冻，如不知道利用它们，也必遭同样的命运无疑义。我们如何可以不研究生物学，尽量地去知道它们呢？

说到衣服，仅有蔽体的衫裤是不足够的，为了避免雪风雨露的侵袭，我们更须有第二重衣服——房屋。砖瓦、石板及近代的钢骨水门汀[①]、玻璃等虽然将木料、明瓦（一种贝类的壳，批成薄片，嵌在窗格上，以通阳光）大部分代出，但生物的材料仍然重要的；假使本来须用木材制造的窗门及桌椅等室内器具，改用人造石或铁制，恐怕住了未必能安适。

我们如有了衣服和房屋，但如欲安适地生活，更有赖于优良的环境，假使我们穿了狐裘，住在大厦，但四周是一望无边的沙漠，我们还是不容易生存的。现在欲保存适于居住的环境的第一要件便是保护森林或植林。它是雨量和气候的调整者，有它存在，才有顺调的风雨、柔和的气候、碧绿的草地、清澄的川河。如果把它斫伐净尽，则空气变干，河水干涸，土地荒芜，不久便不适于居住。然而保护或重造它们，皆须先行详细知道它们的。

---

① 即水泥。编者注。

以上所说的是关于生物学的研究有益于实际生活的事情，此外，对于思想方面也有很大的裨益——因为它能告诉我们各种生物的相互关系，和人是什么一种生物。一切生物的相互关系犹如小孩猜拳时所说的"老鹰捉小鸡，小鸡吃蛀虫，蛀虫蛀洋枪，洋枪打老鹰"的复杂的相关联，这在生物学书上称为web of life（生命的网），查理·达尔文说得非常明白。他说翘摇花（clover）是赖土蜂替它传送花粉的，它的盛衰系于土蜂的多少。但土蜂又受制于地鼠，地鼠的繁盛与否则与猫的多寡有关系。假如猫多则地鼠少，地鼠少则土蜂多，土蜂多则翘摇繁盛。从前的人常以为"富贵贫贱皆由天命定"，现在用生物学的眼光说起来，这无非复杂的关系中的一种机会，并非自然中有这种分别。

自来许多人对于人的地位往往不能明白地看，有时把他抬得极高，当作天之骄子，有时又极卑视，说他只是一只"臭皮囊"，没有什么价值。现在如果研究动物学或比较解剖学，它们能明白告诉你关于他的地位的。他的性质，什么几点和猿猴相像，又什么几点和它们不同。他们含着许多动物所含有的共同点，然而同时也有着动物所无有的特点。人是这样一种东西，他并不崇高，但也不卑污。你如看见一棵柳树或一个蚂蚁，有理由说它崇高或卑污吗？对于人也只好这样看。

又，假使诗人、画家分出一部分工夫研究生物学，察见生命现象的奇异和生活方法的繁夥，与显微镜下的微生物的繁多和构造的奇丽，如许多美丽的藻类，我想：多般①能够开拓他们的想象力，使他们的诗或画意义愈加丰富。

四 初学者怎样去攻究这门科学

动植物的研究既有上述的许多的用处，我们即使不是猎人、渔人，不能从生活经验到许多真实的知识，我们也应当设法学习它，所学的虽然是不切实用的纯科学，我们可再从这里去谋应用。但初学者怎样去攻究这门科学呢？作者曾经教授过好几年中等学校的这方面的功课，觉得学生对于这门功课每每没有多大兴趣的。他们多数喜欢念汉文，因为要看书、写文，不能不先把文字弄清楚，而且将来无论谋职业或应酬上都省不了它的。他们又喜欢习英、算，这些在升学上很重要，所以也非用功不可的。但是记些昆虫有六只脚，雌蚊虫要吸血，及果实分颖果、坚果、核果，等等，这有什么意思呢？岂我们知道了吸血的是雌蚊，它便不来吸；不知道坚果这些，我们便不能吃栗子、桃、李吗？

这弊病大部分由于学生单读教科书，不大接近自然，和它太隔膜，原因当然多在教师指导的不善。亚格西曾说"自然研究不用书"，法布尔也说"研究自然应当直到自然里去的"，折

---

① 即多种多样。编者注。

中的说法：是书和观察自然同样重要。教师应当指导学生去观察，学生也应当知道这重要。从书本和挂图和模型学习生物学，虽然和看地图和模型学地理一般也可以知道大要，但印象总没有像亲见过实物的深切。

我们如走到田野中，常见蝴蝶、花蜂飞过花间，它们或者伸出舌头吸花蜜，或者咀嚼花粉当饭吃；它们为了自己找食物，却于无意中给花服务，输送了它们的花粉。

如果走进山林里，自然中的生活愈显得奇妙，书上说过有许多植物是会捕食小虫的，今在林中湿地果然看见有细叶的小草，叶片能卷缚小虫，有的它尚在挣扎，有的已只剩翅膀等残肢；这等食虫的小草名叫毛膏菜，江浙的山中常见的。

如果季候较晚，我们所见的生物完全变了相，田中不复被满菜花的黄色，只见稻花在午前开放，它吐出黄色的丁字形的雄蕊，在和缓的风中颤动，雌蕊的柱头作羽状，这是风媒花的特色，容易捉住乘风飞来的花粉。在这些时候，你能看到螺蠃捕小青虫或蜘蛛，装入泥瓮里，给它的子息做粮食，和萤火虫舐食蜗牛的肉汁，蚂蚁吸食蚜虫分泌的汁液。没有书能详尽地记下一切这类生活的情形，没有文字能给你这样鲜活、深刻的印象。

五 采集和实验观察

人走到田野山林去观察可以得到许多生活的真相，比书本上的解释更了然，说明更明晰，所得的印象所以也更深刻。但纵使如何明了和深切，如类似的事物见得多了，或长久了，不免仍要混淆的，因此记事簿及标本的采集遂成为必要。

记事簿的用法是极简单的，只要把所见的事实摘要记下来就行，以备他日的检查。可是采集和贮藏便没有那么简单了。采集植物标本至少需一个采集箱，一个根掘，及一把锋利的剪刀。用根掘掘取小草，用钢剪剪取枝条，放在采集箱里携归来。制作植物标本也比较地容易，除却有些豆科植物干后叶要脱落的，许多百合科植物夹在纸中间还继续会生长，须用滚水泡过之外，多数植物的枝条或全株只要夹在纸中间，每日换衬纸令它干燥就行。夹的衬的纸张，讲究点自然须用吸墨纸，但是旧报纸也可以。干燥后贴在台纸上便完成。

但采集动物要比较地复杂，各种不同的动物有不同的采集法和标本制作法，欲知道这梗概，读者可读杜其垚先生的《动物标本采集制作法》。此外还有一种良好的参考资料，便是分期登在《自然界》上的陈劳薪先生译的各种动物采集法（总称《动物采集须知》），他是根据英国某博物馆出版的小册子移择的，那小册子系有经验的采集家所写给青年采集者阅读的书，详细说明在什么地方可以找到什么动物，又什么动物应当如何保存它，于初学生物学的人是极有帮助的。

青年生物学者采集动物时最多采集的是昆虫，因为他种巨大的动物采集往往较费时，保存也很费钱。昆虫随地有得看见，采集时只要有捕虫网、毒瓶等几种用具就勉强可实行。而且采来的标本只要钉在虫针上，插在箱内就可以保存。虽然说起来很惭愧，在外国科学较发达的国家，多处得买的昆虫针，作者在上海找寻过许多店铺竟得不到一根。后来函询专门研究昆虫学的尤其伟先生，才知道他们所用的皆购自美国，上海只闻科发药房有一种，不裹黑漆的，疑心许是日本货，质料虽不及美国制品的坚实，但初学者为了购买的便利和价值的低廉计，自不妨用这一种。

研究星必须用能望远的镜，研究生物则须用放大镜以观察肉眼不能见或不能看清的东西。这是必要的工具。但是，中国自己不会制造这，近来金价又这么贵，要买一台较好的显微镜往往为普通学生的能力所不逮。显微镜的牌子最老、做得最好的大家推崇德国蔡司和莱茨两工厂的出品。就研究普通的生物学说，有6和10二个接眼镜，3号和6号（或7号）二个接物镜的已尽够用，在金价没有飞涨以前，这样的接物和接眼镜，装在"G"号的显微镜台上，莱茨厂造的，在上海五十元以内可以买到。但现在恐怕价格要增加一倍多。虽然还有较小型的，价较便宜的也勉强可用。

初学生物学时用不着去研究高深的细胞学或组织学，观察植物的受精、细胞分裂的状况都是比较不容易的工作。但可以观察鱼鳞的年轮、昆虫的翅脉、鳞片的形状、花粉的形状等。取一些动物的肌肉，放在玻璃片上，用解剖针分析得极细，加水观察之，可以看出肌肉纤维的形状，横纹肌的横纹也历历可数。向嘴唇的内面用小刀背轻轻地一刮，涂在玻璃片上，放在显微镜下观之，有长方形的细胞，十分明晰。撕下一点叶片背面的薄皮，可以看出许多气孔，位置在皮肤细胞间，这细胞在单子叶植物是长条形，在双子叶植物的叶片是不规则形，略如云头。如取污水一滴来看，必先看到草履虫，它作草鞋的形状，很快地游去，其次变形虫也有得看见；还有细菌等。如刮取一点树皮上或墙基边的绿衣来看，显微镜下放大为美丽绿色的东西，它们是藻类，独自静静地生活着，慢慢地在繁生。从这些容易观察的事物然后进而研究较难的。

六　关于参考书

最后，我们当讲到参考书。前已说过，亚格西主张自然研究不必用书，法布尔也有这意思；不过如果不用书，人人皆从头至尾向自然去观察，损失极大的。研究自然物固然应当向自然中寻求，不过仍然要读书。一个月可以读了的书籍上所说的话常常是前人许多年研究的结果。许多人把一部分的研究结果写成论文，向杂志上发表出来，别有些人则把许多论文综合起来，加以自己的研究所得，写成一册书。我们读了这些，可以知道这事情的知识现在已经达到如何程度，我们当如何进一步去研究，可省却自己空费的许多时间。人的寿命有几何，如皆欲从头观察起，即尽毕生的能力还是不能深入的。不过如果只管读死书，自己不去观察和实验，那么至多能知道别人所知道的事情，跟着别人走，新的事物和新的原则便不能找到的。

教科书是教师会选择的，参考书选什么呢？中国是科学落后的国，关于这方面的出版物也特别少。译本是有几种的，但某一国人写的书，他是对某一种社会里的人说的话，别国人因历史和现状不同，看了未免多隔膜，不免减少些兴趣。如果这一点不顾，则北新书局出版的《进化概论》《大块文章》等可以供课外的阅读的；较高深的有商务印书馆出版的《生物学精义》《人生植物学》等等；纯粹自己写的关于动植物方面的参考书并不多，薛德焴先生的《近世动物学》《生理学通论》，彭世芳先生的《植物形态学》是可以供阅读的。

本来杂志是很重要的读物，如美国的 *Scientific Monthly*，英国的 *Discovery*，日本的《科学知识》及《科学画报》等都是中学及中学以上的学生的很好的读物，但中国尚少有这种刊物看见。博物学会的《博物学杂志》已经停刊了，科学社的《科学》是牌子很老的杂志，可供参考的。此外有《自然界》，讲生物学方面的事情比较多；《科学月刊》是另一种科学期刊；此外有些关于这类的文章散见于有些大学的刊物上。但往往因为太专门，所以读了会觉得生硬。中国科学者实在太少了，有些人又太忙，无暇写文章。不比他们外国，真是车载斗量的多，例如美国，单是专门研究昆虫学的人大约有一千数百个。研究的人既多，这个或那个便是偶然写一两篇文章，出版物也就不少了。

七 结 论

生物学这题目关系于人的日常生活是很重要的。但如要研究它须有相当的闲暇和环境，科学比文艺更需要优良的环境，许多研究者如离开实验室，往往不敢多说几句话，孟德尔有修道院的园给他做试验场，法布尔有哈买斯园给他做天然的实验室，有人曾说：要是达尔文生在中国，他将不成为达尔文，这话非虚语。

在学校的学生算是有这环境的，虽然中国的学校设备多不良；出学校，入社会任事以后，欲做这种企图更为难；虽然采集些固着地上的小草是可能的，捕捉些自己会飞来的飞虫也可能，但欲做博大精深的研究实在很为难。除非将来有一种理想的社会能实现。做工时间不像今日的多，一方面却有更多更好的图书馆、研究所、博物院等等，使做工的余暇，便可进去研究，这样生物学的研究才不限于少数人，较多的人皆能够得看着机会。但在今日，便是有人喜欢研究它，也很受限制的。

程祥荣

程祥荣，字寿柏，浙江衢州人。16岁公费留学日本。22岁回国，与方光焘、丰子恺等在上海立达学园任教，并编写中学化学课本和讲义，刊行于世。曾任复旦大学化学系教授。

关于理化的学习

一

对于中学生要讲点关于学习理化的话，首先应当注意于中国在理化学方面的现状以及中学校的理化教育办到怎么样程度。中学校的教师告诉校内的学生和校外的参观人，往往说："本校设备简陋，所以不能够尽量发挥教学的理想。"这种千篇一律的笼统的话差不多到处可以听到，其实是可以怀疑的。学习理化固然必须有待于实验的指示和证明，但在简单的设备之下，只要破费点功夫，未尝不可以做许多有益于学习的试验，并且这一类随时随地想出来的试验，譬如由教师亲手造起来的物理装置，或是由教师采购附近的物产而制造出来的试验品，更可引起学生对于自然的兴趣，而能使他们获得新鲜的知识；我觉得

125

在这方面还有努力的余地。其次现在中学校的理化设备就算有经费可以扩充，也无非依照仪器店的目录选购了一批仪器和药品，其实这许多东西往往和三四十年前中国初办中等教育的时候差不多是同一格式、同一个内容，所以采办去了之后，还是用最旧的设备来讲二十世纪的新知识，像这样的扩充设备是没有意义的；那么要想扩充设备势必不可专靠仪器店的商品，我想最好是中学校的理化教师联合起来定一个制造仪器和药品的标准，方才可以希望最适当的设备。但是事实上竟没有什么改良和进步，推其原委，实在不能够全部归罪于中学教师的过失，因为照中国的现状来讲，大学教育还没有办到近于水平线的程度，学术研究机关仍是没有真正研究学术，至于理化工业的发展也没有达到相当的步骤，各方面的情形既然这样幼稚，当然就使得中学校的理化教育也很难以办得好了。

在上述这种现状的底下，对于中学生的理化学习，就用不到什么高调的议论，我以为只要告诉他们用心把教科书读得明白一点已经足够了。大多数的中学生在上理化课的时候，只是存心要看实验这一种好玩的把戏，至于为什么要试验的道理以及由试验而证明的原理，却完全漠不关心，若在退课以后，对于书本简直不去理它，那么即使学校中有理想的教师和充分的实验设备，也是学习不好的，所以提倡用心去读教科书这个办法，无论如何，都是很必要的。要怎么样才可以把教科书读得明白呢？第一，必须认清学习理化的目标；第二，必须理解理化学的对象、研究法和目的。大凡学习一种科目必定有一个目标，譬如学英文的目标大概是在于能够读、写、讲；而学习理化的目标却是在于能够理解自然现象其应用。要是能够理解理化学的对象、研究法和目的，那么就可以知道读书的门径，不会得散漫毫无头绪了；关于这几点，且把我个人的见解写在下面，或许可以供给大家做个参考。

二

物理学是研究自然现象的学问，但其研究中心在于"能"（energy），所谓"能"，譬如力、光、热、磁电等，是可以观测的，也是有数量可以计算的，所以物理学的研究法最注重"测量"（measurement），测量的时候需要种种的工具，这种测量的工具当然是愈精确愈好，同时并且要有一定的"单位"（unit），方才可以把观测的结果用数字来精确表示；由此关于"能"的因果关系，以建立为"物理的法则"（physical law），这是物理学的目的；根据"法则"所规定的原理，就能够制造种种适合于实用的机器，这是物理学的应用。换句话说，物理学成立的顺序上首先是设立"单位"，然后用种种精确的测量工具以观测自然现象中属于"能"的变化——所谓"物理的变化"（physical change），而发现普遍的因果法则，许多法则和法则的应用积集起来就是全部的物理学；所以在中学物理教科书中所记载的事项，其范围亦必不出于此。并且对于学习者首先最应当留心的就是"单位"吧。

关于初步物理学上最主要的单位可列举如下：

(1) 长之单位　　(2) 质量之单位　　(3) 时间之单位

(4) 力之单位　　(5) 功之单位　　(6) 功率之单位

(7) 气压之单位　　(8) 温度之单位　　(9) 热量之单位

(10) 电磁量之单位　　(11) 电磁强度之单位

(12) 电动力之单位　　(13) 电气抵抗之单位

以上所举的这些单位都是很简单的，我想读过初中教科书的学生一定很可以理解其意义及标准。不过理解必须彻底，譬如时间的单位是"秒"，六十秒为一分，六十分为一小时，二十四小时为一昼夜，这是大家都知道的常识，但是一秒钟究竟是多少时间呢，换句话说，"秒"这个单位所取的标准是怎么样的，若使没有明白这个标准，就是还没有彻底理解了。通常所谓一昼夜就是讲太阳连续两次通过子午线所经过的时间，也就是地球在公转的轨道上每自转一次所需要的时间，但是这个自转一次的时间并不一律相等，譬如在公历二月中的一昼夜要多上十几分钟，等到冬季十一月中的一昼夜又要短少了十几分钟，在一年之中仅有春分、秋分、夏至、冬至的四次是正确的二十四小时，所以科学上就把一年中间所有长短不同的昼夜平均计算起来，叫作平均太阳日，"秒"这个单位就是等于一个平均太阳日的 $\dfrac{1}{24 \times 60 \times 60} = \dfrac{1}{86400}$。关于其他各种单位的话可以毋庸多讲，只要各位中学生翻开教科书来做参考，试做一篇解释物理单位的练习文，文内要列举各种单位的意义和标准以及相互间的关系，我想大家一定可以获得科学的兴趣，并且顺便可以把许多基础观念弄得很清楚，请诸位不妨试一试看，至于还没有学过物理的初中学生当然应该在学习的时候要特别注意到，那就可以很有头绪了。

其次关于"观测"这桩事的本身也应当要彻底理解它的意义和限度。"观测"就是观察和测量，当然要在日光或灯光凡是有光线的地方才可以观测，假若在黑暗中，什么都看不见，什么都不能观测了，所以观测的唯一条件是要具有光线的照射，严格地讲起来，一切由观测所得到的知识都是我们目力在光线底下所得到的感觉，至于物体的本身和现象的本质，我们是不知道的，也就是不能够知道的了。下列一段文章，很可以引用来当作说明：

> 近观山色，苍然其青焉如蓝也，远观山色，郁然其翠焉如蓝之成靛也；山色果变乎？山色如故，而目力有长短也，自近而远焉，青易为翠，自远而近焉，翠易为青；是则青以缘会而青，翠以缘会而翠，非惟翠之为幻，而青亦幻也；盖万法皆如是矣！

这里所谓"幻"就是感觉，所谓"法"就是指一切知识而言，"所知"不过是"能知者"的感觉世界就是了，像物理学上的一切"法则"都是由观测而推论出来的，观测既不外乎感觉，故物理的世界亦即感觉的世界而已。观测的意义既如上述，而观测尚有两重限度，一为测量工具的限度，一为感觉本身的限度。什么叫作测量工具的限度？譬如天平（balance）是测量质量（mass）大小的工具，但寻常很精巧的天平只能测量出一克的万分之一，还有一种新近发明的微量天平（micro balance）可以测量到一克的千万分之一，过此以上的微小质量就测量不出来了，这是天平的观测限度，其他各种测量工具当然都有一定范围的限度，像天平这种工具，要算得最精确的，还有许多粗糙的工具，譬如尺只可量分，权只能称钱，它们的测量限度就更狭小了。什么叫作感觉本身的限度？心理学上面告诉我们，可以感觉得到的刺激有一定的范围，若是出了这个范围以外的刺激就不能够生起感觉的反应，该范围叫作感觉阈，所以一切感觉都有一个限度的；再就物理现象上讲起来，譬如说明光是一种波动，各色的光都有一定的波长（wave length），赤色光的波长是 0.000076 毫米①，紫色光的波长是 0.00004 毫米②，凡波长在此极大和极小的中间都是看得见的，若出此范围以外就不能够看得见了，所以视觉是有这个限度的，像视觉要算感觉中最灵敏的，其他的感觉当然更有限度了。学习者能把这两重限度

① 在可见光谱中红光波长一般为 620~760 纳米。编者注。
② 在可见光谱中紫光波长一般为 380~45 纳米。编者注。

明白了之后，就可以知道科学绝不是万能的，科学不过在人人可以感觉得着的范围以内，用最精巧的工具以从事于观测而已。

物理学更由观测所得的结果而推论普通的自然法则（natural law），以为其研究目的，那么，关于种种法则的内容，学习者当然要充分理解才对。所谓理解并不是要大家去硬记书本上的文字，我觉得首先要扩大眼光根本上去看看所谓法则究竟是什么一回事，然后就可以不但对于已经成立的法则会得理解，会得很容易记忆；并且还能够时时保持丰富的兴趣和真挚的探索自然的精神，我以为这是学习科学的人们最应当采取的态度。一切自然现象都有因果关系的：气象上风雨寒暑的变化是因为太阳、地球、大气以及种种的关系而生成的结果，这是不必说了，即日常生活上一灯一火的能够发光生热，也都有原因或来历，绝不是凭空生起来的。不过自然现象中的因果关系都是很复杂的，譬如一个原因可以引起很多的结果，一种结果往往是由于许许多多的原因，并且许多的原因和结果又要互相发生关系而成为种种的现象，所以要明白这种复杂的因果关系，实在是千头万绪，绝不容易弄清楚。但是物理学上却用最扼要的办法，把一切自然现象抽出一个所谓"能"的因子；又由其性质而将"能"分为"力""音响""光""热"，及"电磁"；并且还要把"音响"以下各种的"能"都用"力"来解释，譬如把音响解释作在媒质中的力的振动波，把光当作有一定振动数的波动，把热的来历推论于摩擦或辐射，把电磁现象用电磁场中力的关系而说明，所以物理学通常可以叫作广义的"力学"；根据上述这几种见解，就可以从复杂的自然现象中发现比较简单的因果关系。这种关系又可以用精确的数字来表示，而且所表示的内容是很统括的，故能称作普遍的法则，例如力学上有所谓牛顿第二律，该律内容是说：

动量之变化率（即物体质量与其加速度之相乘积）与作用之力成正比例，其变化即发生于力所作用之方向上。

这是关于力的一个普遍法则，若设定物体的质量为m，作用于该物体的力为f，而由此所引起的加速度为a，并且用CGS制[①]单位来测量，那么，就可以依照下列数式以表示之。

$$f = m \cdot a$$

上式所表示的法则是说明关于力的因果关系，f是原因，a是由f所以成的结果，那么m是什么呢？大凡原因和结果的中间必定有一个媒介方才可以构成必然的关系，这个媒介可以叫作缘，在自然现象中一种原因可以生起种种的结果，这是因为该原因所作用的缘可以有种种的缘故，倘若所作用的缘是确定了，那么可以生起的结果也就只有一种了；上式中物体质量的m就是缘，于是作用于m的f只可生成a这个结果，所以上式所表示的法则是力和加速度中间的必然的因果关系。物理学上一切的法

---

① 即厘米克秒制，由基本单位厘米、克、秒及其导出单位所组成。编者注。

则都是阐明普遍的并且必然的因果关系，这是一切法则的根本性质，也就是法则对于探究真理所以能够有价值的地方了。

由普遍的法则就可以产生特殊的实用，譬如电学中的欧姆定律（Ohm's Law）里面说：

电路内之电流强度与其两端之电动力为正比，与其间之抵抗为反比。（数式从略，请参看教科书。）

这个法则是说明电动力和电流强度间的必然的因果关系，由此可知若由一定的电动力，而欲于电路内有相当强度的电流，那么就必须极端减少导线的抵抗，所以实用上也就知道了采用抵抗比较小的铜来制造电线。这种关于由发电机送电的常识，差不多是人人都知道的，可是我曾经听见一桩事实，就是浙江省某处城市初办电灯厂的时候，是由一个多年当电气职工而得名的人去办的，他忽然自作聪明，竟用了抵抗要比铜大了六倍的铁丝来做送电的导线，结果当然是丧失了资本和信用，我想他若对于物理有真理解，那就绝不会冒犯这样很明白的错误而至于失败了。

三

化学也是研究自然现象的学问，但其研究中心在于"物质"（substance）；凡物质皆有固定的性质，自性质的差异乃能区别物质的种类，并且依据性质的差异，就可以分析某物质的来历以及检查各种物质间的相互关系，所以化学的研究法最注重于"分析"（analysis）。我想学习化学的人首先应当注意到怎么样可以识别物质的种类，那么就可以知道物质的种类虽然很多，但是倘若运用分析的方法却能够把一切自然界的物质分为下列各类：

第一类　具有单纯性质的物质即纯粹物质

（a）单体　化学上把它叫作"元素"（element），例如氧、碳、金等。

（b）复体　化学上把它叫作"化合物"（compound），例如食盐、蔗糖等。

第二类　具有非单纯性质的物质即夹杂物质

（c）溶体　化学上把它叫作"溶液"（solution），例如海水等。

（d）混合体　化学上把它叫作"混合物"（mixture），例如空气、岩石等。

大概天然的物质都是夹杂的物质，所以每一种天然物能分出好几种纯粹物质的化合物，并且因为化合物是复体，所以每种化合物又能分出两种以上的元素。譬如天然的海水是淡水和食盐等的夹杂物质，所以就能够分出纯粹的水、食盐以及其他化合物，而且水可以分出氢氧两种元素，至于食盐也可以分出钠、氯两种元素，兹将上述关系列于下：

天然物 $\xrightarrow{（分析）}$ 若干种化合物 $\xrightarrow{（分析）}$ 元素

例如

$$海水\begin{cases}（1）水\begin{cases}氢\\氧\end{cases}\\（2）食盐\begin{cases}钠\\氯\end{cases}\\（3）其他化合物……\end{cases}$$

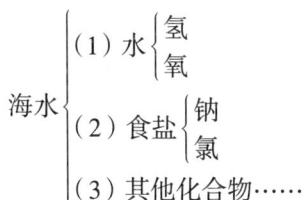

上面所讲的物质间的系统是很简明扼要的，不过学习者还应当知道天然物的种类是很多的，但是许多不同的天然物往往含有共通的化合物，例如海水、湖水、井水以及岩盐等天然物，都是含有食盐的，所以化合物的种类当然比较天然物少得多了；至于元素的种类比较化合物还要少，这是因为许多不同种的化合物往往可以分出共通的元素，例如氧元素不但是水的成分，即其他岩石、泥沙，以及酒、醋、糖等都可以分出氧来的，所以元素的种类当然是最少了。现在化学上差不多已经把一切天然物都详细分析过了，结果发现元素的种类只有八十几种，并且知道通常可以遇到的元素还不上四十种，而且还知道在矿物界的成分中氧、硅二元素要占有地壳全量的四分之三，若在生物界则无论什么物质都是含有碳元素的。由上所述，可知用"分析"这个实验的方法，能够由复杂的天然物中，抽出少数的很简单的元素，以为研究物质的基础，这是化学在学问上很显著的特色，对于这点，当然是学习者应当注意的地方了。有许多学习化学的人往往对于各种元素的记载就觉得麻烦，这是很错误的；要知道以宇宙之广大，其间所存在的物质是何等繁多，但是科学上竟能够由完密的实验而发现一切物质的来历只不过几十种元素，难道这样还可以说是麻烦吗？

化学上既经明白了物质的组成之后，还要更进一步地从事于研究物质相互间的变化，这种变化就叫作"化学反应"（chemical reaction）。研究化学反应是化学这个学问的目的，所以是很重要的。大凡一种化学反应中都包括两层意义，一为物质变化间的性质的关系，二为量的关系。譬如说硫黄在空气中燃烧的化学反应，第一是要明白硫黄和空气中的氧互相化合而生成二氧化硫这种臭的气体，这是该反应的性质的关系；第二是要知道多少硫黄可以和多少的氧化合而生成多少的二氧化硫，这就是数量的关系。试想自然界种种物质间的变化是何等繁多，假若对于研究所得的结果并没有统一的方法去记载起来，那么真是混乱极了！所以化学上就规定一种很有系统的记载法，这个方法就是"化学方程式"（chemical equation）。例如二氧化硫的生成反应可以和三氧化硫以及硫酸的制造法，都用化学方程式来记载，而能表示相互间的性质及数量的关系如下：

（1）$2S+2O_2=2SO_2$

　　硫黄64克　氧64克　二氧化硫128克

（2）$2SO_2+O_2=2SO_3$

　　氧32克　三氧化硫160克

（3）$2SO_3+2H_2O=2H_2SO_4$

　　水36克　硫酸196克

　　关于这种化学符号和化学方程式，大凡学习化学的人应当很注重的，并且倘若能够首先去理解它们的原理，那么也就很可以明白它们的意义和用处的，论到这类原理都是在教科书上说得很详细的，现在且把其中最关重要的分子原子学说提出来谈一谈。分子和原子都是极微小的粒子，即用超等显微镜来观察也是看不见的，所以是一种假定，那么为什么化学上偏要去假定这样看不见的东西呢？这却是很有缘故的，我们曾经讲过物理学为测量"能"的变化而需要测量的单位，现在化学上为观察"物质"的性质也很需要一种观察的单位，所谓分子和原子可以讲就是表示物质的性质的单位。譬如讲水的分子，该分子具有水的一切性质而为水的最小限度的微粒，至于通常所看见的一杯水或是一滴水，只是许多水的分子之集合体而已；其次关于水的分子之组成，因为知道凡是水都可以分出氢、氧二种气体的，所以水的分子必定由氢、氧二种微粒以结合起来的，该微粒就叫作氢、氧的原子。物质都有质量，若物质不同，即其密度亦相异，所以物质的每个分子以及组成该分子的各个原子都是有一定质量的，此种质量就叫作分子量和原子量。分子和原子都是极微小的粒子，所以分子的质量和原子的质量当然是微小到了极点，而不能实在测量的；但是物质有一定的密度，所以各种分子和原子的质量大小的比例是可以求得出的，譬如知道氧的原子质量是氢的原子质量的十六倍（严格讲起来是1.008∶16)，这类质量大小的比例就是化学书上所说的分子量和原子量了。

现在化学上已经知道的化合物共有几十万种，当然就有几十万种不同的分子，但是由化合物中分析出来的元素大概都是彼此共通的，所以只知道八十几种不同的元素，也就是组织成各种分子的原子只不过这几十种而已。于是就把各种原子都用罗马字来做符号，例如O表示氧（oxygen）的一个原子，H表示氢（hydrogen）的一个原子，以及C表示碳的原子，等等。至于物质的分子是由原子所组成的，故可由若干个原子的符号拼合起来表示分子的符号，就叫作分子式，例如水的分子式是 H_2O，二氧化碳气体的分子式是 CO_2。假若有一种新发现的物质，我们想知道它的分子式，那么必须经过下列两种实验：（一）元素分析（element analysis）；（二）分子量测定（measurement of molecular weight）。然后才可以推定该物质的分子式。例如葡萄糖的元素分析的结果是——

碳　40.00%　　氢　6.67%　　氧　53.33%

又将其分子量测定为180.096，然后就可以推定葡萄糖的分子式。碳、氢、氧的原子量已知为C=12.00，H=1.008，O=16.00，故于葡萄糖分子内所含有的各原子数，可求得如下列的简比，$\frac{40.00}{12} : \frac{6.67}{1.008} : \frac{53.33}{16} = 1:2:1$，即葡萄糖分子内至少含有一个碳原子、二个氢原子和一个氧原子，但是葡萄糖的分子量却为其六倍［即 180.096=（C+2H+O）×6］，所以该分子式必为 $C_6H_{12}O_6$。看了上面求分子式的手续，大家可以理解分子式并不是简单可以知道的，并且倘若已经知道一种物质的分子式，那么该物质的元素组成和分子量都能够一目了然的了。

　　化学反应大概是由实验上已知的事项，而用化学方程式去记载起来的，例如由实验得知"氢在氧中燃烧生水"的一切定性和定量的事项（qualitative and quantitative data），然后才可以把它们的化学反应记载为：

$$2H_2+O_2=2H_2O$$

但是也有很少数的化学反应是暂时假定的，例如植物的碳素同化作用（assimilation of carbon），拜耶氏曾假定为下列化学反应：

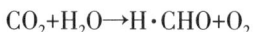

$$CO_2+H_2O \rightarrow H \cdot CHO+O_2$$

$$6H \cdot CHO \rightarrow C_6H_{12}O_6$$

即植物吸收二氧化碳气而吐出氧气，以及构成植物体内的碳水化合物虽然都是事实，但二氧化碳是否首先还原为甲醛，却不过假设如此而已。总之，一切科学的发达是由假说和实证互相扶助而推进的，那么化学也当然是这样的，大家在学习的时候就应当留心于大胆的假说——例如分子原子说——以及精密的实验——例如分析法，方才是真正地理解。

　　化学的目的是研究各种的化学反应，至于化学的应用即在于利用已知的化学反应。化学反应在形式上可以分作化合、分解及复分解，而由其作用又可分为氧化、还原、中和、加水分解、电解等等；所以关于化学工业，若使用简单的话来讲，就是利用这许多种类的化学反应，使它们适合于实用品的制造。在中学程度的化学书上可以注意的应用问题，大概是制酸、制碱、人造肥料、硅酸工业、冶金术、油漆、染料，以及有机无机药品的制造法等类重要的工业吧。

四

以上把物理和化学书中应当注意的地方大略都讲过了；现在要想谈一谈"研究"和"学习"的区别。近来许多人总喜欢提起研究这句话，其实像物理、化学这一类自然科学的研究是很不容易的，尤其是在中等学校里的人只要能够把书本讲得好点以及读得明白点，我想已经是近于理想了。读书，做书本上的实验，这都是学习的方法，决不是研究。摆在书架上整部的外国书恐怕大多数是一千九百零几年的出版品，固然这类书本也很有价值的，但是翻开书来看看，只是读书而已，何尝可以说是研究。世界的学术界很是发达的，所以关于理化学方面的研究，各国都有许多专门学会的组织，由各该学会按期发行杂志以登载认为有价值的研究报告，若说要研究，第一步就应当多读最近发行的杂志，可是中国各处很有名的大学往往还没有备齐这类主要的杂志，何况是中学校，何况是个人，那里能够订几份专门杂志，那么对于世界学术进步的近况，简直是懵然，又何从说起研究呢？也许有人要说研究是应当具有独创力的，未必定要参考外国的研究报告，此在十七八世纪的时代或可容许如此，现在是二十世纪最需要分工合作的时代了，无论如何，绝没有这样妄自尊大的研究家。其次关于研究的设备和工作，大概要研究理化学上面的问题，最不可缺少的是量的测定（quantitation measurement），所以就需用测量的器械，此等器械中精良者价格甚贵，固非寻常学校所能购备，但简略者亦仍有相当的用处，不过应当时时试验其感度（sensibility），并留意于调整（adjustment），譬如用很简单的天平来测量物质的质量，倘若在调整得最良好条件之下，可以有精确的百分之一克的感度，那么在这个范围之内，也可以做种种研究的工作。然而许多中学校的实验室里面，天平的台子往往动摇不定，甚至于搁到架子上去，像这种情形是和研究的用意绝对矛盾的。关于天平，使我联想近来曾经参观过某处公家所办的试验所，那地方有各种的试验室，又有整理得清洁的药品和器械的贮藏室，但是几副天平都已经上锈了，而且安置的台子也很陋劣，专门的试验所尚且不免于遗忘了实际的研究工作，何况是中等学校。所以我觉得在中学里面，对于物理和化学现在是谈不到研究，只要对于学习能够用心，就可以了。

五

最后关于学习理化的出路问题也有点意见。

　　中等学校的理化课程大概是为着要使学生具有正确的常识而能养成独立判断的习惯，并且也含有预备升学的意思。升学以后，倘若专门学习物理或化学，或是与理化有关系的工科，那么将来就应当从事于学理研究或技术应用的工作，但是事实上诸位中学生的先辈大都没有达到所学合乎所用的目的，他们虽然已经毕业于大学专科，可是在社会上的服务情形，有的竟是抛弃了已经修得的技能，有的即使名义是在研究所和工厂里做事，却毫不能发挥他的能力。我有一位朋友，他在中学校的成绩很好，后来升学到北方很有名的工科大学，大学毕业以后又到美国去留学，考试时到处是名列前茅，真算得异常优秀的分子，近来他在某处建设机关当技师，像这种人，中学生们一定很觉得羡慕吧，可是他本人告诉我在中国当技师并不要技能，不过每天签名报到，呆坐办公室八九小时而已，所以他是很失望了，只好把书本丢开，把研究学问的技能渐渐忘记掉去。还有一位朋友，他是一个奋斗的努力家，从大学化学科毕业以后，曾在中学校当教师，学生和学校当局都很尊敬他，但是他本人很感觉得空虚，所以另筹学费跑到外国去研究专门的问题，他说绝不是为什么头衔，学科学而不能从事于研究，毋宁死！他这种精神使我非常感服，但是我想再过几年当他从外国回来的时候，中国的环境是否能够改善，中国的社会是否已经预备好可以安心于学术的研究，这却是很可疑问了。像这一类专门学习理化之后很可以悲观的事实确是多得不胜写，不过我的意思并不因此而劝告中学生在升学的时候不要去学习理化。但是倘若志望于专门学习理化，必须具有最大的勇气加强固的决心，而且还要觉悟到无论遇有若何阻碍，仍当贯彻研究的精神，那么你的升学方才有意义，也就是将来对于中国的理化学界方才能够有贡献。

至于中学校里学习理化的目的是在于获得正确的常识以及修得科学的判断力，这是无论什么人都是必要的，可以用不着去想出路，也是和出路问题没有多大关系的。

丰子恺

丰子恺（1898年—1975年），原名丰润，后改为丰子恺，堂号缘缘堂。浙江嘉兴人，中国现代画家、散文家、美术教育家、音乐教育家、漫画家、文学家和翻译家。他独特的漫画作品影响巨大，深受人们喜爱。

艺术科学习法

总　说

我回想自己做学生时的经验，觉得艺术科最容易上课，同时又最难学得好；回想自己做教师时的经验，也觉得艺术科最容易塞责，同时又最难教得好。艺术科在性质上是一种难学难教的课业。我在《艺术趣味》中，在《音乐入门》中，在《西洋名画巡礼》（皆开明版）中，曾经零零星星地说过关于艺术学习法的各方面的话；现在不过概括而做系统的叙述，愧无新颖的捷径可以指示读者。但想来想去，这样难教难学的课业，恐怕不会有特别新颖而速成的捷径。艺术科学习上倘有捷径，其捷径一定是丰富的先天与切实的功夫所造成的。

先天的厚薄听命于造物，非我们所能左右。所谓功夫，便是本文所指示的数点；能身体力行，便是切实了。现在先就一般艺术科学习法上的三要点叙述之。

第一，须耐劳苦。

学习一切功课都要耐劳苦，这是谁也知道不必多说的话。但现在说艺术科学习法而第一指示这一点者，另有特别用意。第一，现今有一班学生误认艺术科为娱乐玩耍之事，以为习英文演算学必须着力，而唱歌、描画可以开心，故不耐劳苦。第二，又有一班学生误认艺术科为性质暧昧而好歹没有确实凭据的东西，以为英文、算学不用功须交白卷，但图画、唱歌没有交白卷之理，无论如何描些总可交卷，无论如何唱些都可过去；他们以为画的好歹，唱的高下，大半任先生随意说说，哪有像英文、算学一般确实的证据呢，因此也不肯耐苦学习。因为现今的学生间盛行这两种误解，所以现在我要第一提出"须耐劳苦"的一事。这种误解的来由，一则由于现今我国艺术文化不发达，展览会稀少，音乐会尤罕，工艺品恶化，一般美育废弛，社会人们不能认识艺术对于人生的切实的效果，遂轻视艺术研究。二则因上述的缘故，学校中的艺术科变成没有背景的孤单的科学，办学者也不过在课程表中添注这一项学科，具文而已，少加注意。遂养成一般学生轻视艺术科而不肯耐苦研究的习惯。普通人们的研究，全靠有社会背景在那里鼓舞、奖励、劝勉，方才肯出力耐劳。现在我国没有艺术文化的背景，故一般学校中的艺术科难免废弛，一般学生对于艺术科学习难怪不肯出力。

但废弛与不肯出力是互相为因果的。社会背景的成立实有俟于青年学生的研究的出力。故我们可从这方面鼓励劝勉。

凡艺术必以技术为本。不描不成图画，不奏不成音乐。凡技术以熟练为主。技术不能像数学地凭思考而想出，也不能像哲学地一旦悟通，必须积蓄每日的练习而入于熟达之域。对于技术没有宿慧，无论先天何等丰富的人，要熟达一种技术也得积蓄练习，不过较常人快些。对于技术没有良书，无论何等名著的画法、唱法、奏法，其对于学习者的效用也只有像地图对于游历者的效用。地图无论何等精详，游历仍靠自己拔起脚来走，不过有了地图可少走些错路。技术是日积月累的功夫，不是可以取巧的。试看完全没有学过画的人，天天看见世间的人，而不能在纸上描出一个完全的人形；完全没有学过音乐的人，天天在说话呼啸，而不能唱出一个正确的音程。倘要导之使能描写完全的人形，使能歌唱正确的音程，除了使他循步图画、音乐的基本练习以外，没有别的方法。可知形的世界与音的世界自有门径，非日积月累地磨炼技术无从入门。尝闻有记忆力强大的人，在一星期内完全谙记一部西洋史。但无论天分何等丰富的人，决不能在一个月内完全通过绘画、音乐的基本练习而修得自由表现的技术。

故学习艺术科第一须有恒心而耐劳苦。技术练习须每日为之，不可间断，故必须有经常继续的恒心。技术练习必须熟达一课而进于次课，不许躐等，故必须耐劳苦。愈能耐劳，所得进步愈多。这犹似种田，怠于耕耘者少得收获，勤于耕耘者多得收获。

第二，须涵养感觉。

艺术科性质与别种学科不同，英文、数学等须用智力而记忆理解，图画、音乐则须用眼和耳的感觉而摄受。艺术必须通过感觉而诉于吾人的心，故学习艺术科必先涵养其感觉，使之明敏而能摄受艺术。若感觉不明敏，则艺术无从而入。感觉的明敏与否固有关于先天，但一半是人类的习惯使它闭塞的。人类日常生活的习惯，重用智力而忽略感觉。譬如走进一室，眼睛感觉到了室内的光景之后，心中立刻分别其为某人、某器具、某物件，及其人在室中所干的事情等而忙于运用思虑；极少有平心静气而用视觉鉴赏这室中的人物器什的姿态、形状、色彩的机会。又如听人说话，耳朵感觉到了其人的声音之后，心中立刻分别其所说的话的意义与作用而忙于运用思虑，绝少有平心静气而用听觉鉴赏其声音的高低、长短、强弱的机会。这原是当然之事：入室若不分别室中的人事而一味呆看，其人就近于疯痴；闻人说话若不分别意义而一味听赏，其人便像聋人了。但习惯之后，思虑因常常磨炼而与年俱进，感觉则没有磨炼的机会，仅为知识收得的方便，而本身的机能几乎闭塞了。

艺术科便是磨炼感觉本身的机能，使之明敏而能摄受美与艺术的学科。但欲受磨炼，必须先有准备。准备者，就是练习屏除思虑而用纯粹的耳或眼来感觉自然界的声或色的功夫。切实言之，果物写生时须能不念其为可食的果物而但用净眼感受其形状色彩的姿态，唱歌听琴时须能不究其歌曲的意义而用净耳感受其高低长短强弱的滋味。总之，能胸无成见，平心静气地接等自然，用天赋的官能而感受自然之滋味，便是艺术科学习的最好的素地。艺术中并非全然排斥理智的想虑，艺术中也含有且需要理智的分子，不过艺术必以感觉为主而思虑为宾，艺术的美主在于感觉上，思虑仅为其辅助。具体言之，果物的写生画的主意是示人以果物的形状色彩之美，并非告诉我们世间有这样一种果物。（博物图却正是这样的，故博物图不能成为艺术。）不过我们鉴赏了形状色彩之美而又附带地知道其为果物，所感的美可更确实。至于音乐则本质上与思虑关系更少，几乎全是感觉的事业了。

故学习艺术科须用与学习其他学科不同的态度。学习其他学科重用智力，学习艺术科则重用感觉。前者是钻研的，后者是吟味而摄受的。知识学科上课时需要理解、思索、记忆。上课的所得不在于上课时间，而在于其理解、思索、记忆的知识。艺术科上课时只要感受，这一两小时的经验正是艺术科的所得，打了下课钟以后其所得即便完结。前者所得是过后的结果，后者所得的是当时的经验。前者犹似听报告，后者犹似看戏；报告可以托人代听，看戏不能托人代看。故艺术科的上课时间特别贵重。别的功课可于下课后自修；艺术科则自修甚不方便，其修习时间大都只限于上课的数小时内。故在这数小时内，学者务须充分准备而享用。准备者，就是屏除思虑，平心静气地摄受形色声音的感觉；享用者，就是通过明净的感觉而尝到艺术的美。

尝见有一种学生，抱了要学某种绘画的成见而学画，或抱了要学某种唱歌的成见而学音乐。又有一种学生，注重每学期描几幅画，唱几曲歌，似乎幅数与曲数的多便是艺术科的成绩的进步，因而上课时力求画的完成与歌的唱会。照上述的涵养感觉之说看来，这等都是不正当的学习法。这便是感觉的不明净，学习法的歧途。

第三，须学健全的美。

所谓不健全的美，第一是卑俗的美。例如月份牌式的绘画，以及一种油腔滑调的音乐，其美都是不健全的。然而这种卑俗的东西，都有一种妖艳而浓烈的魅力，能吸引一般缺乏美术教养的人的心而使之同化于其卑俗中。这实在是美术界上的危险物。加之投机的人善能迎合俗众的好尚而源源地制造这种艺术品，故其流行甚速，风靡极易。纯正的美术经人尽力提倡而无人顾问，卑俗的美术则转瞬间弥漫于到处。这是因为凡纯正的进步的美，不是仅乎本能所能感受的，必伴着理性的分子，有相当的理性的教养的人方能理解其美。卑俗的美则以挑拨本能的感情为手段，故无论何等缺乏理性的教养的人也能直接感受其诱惑。欲享受高深的快乐，必费相当的辛苦。全然不费辛苦而享受的快乐，必是浅薄的快乐；所费的辛苦愈多，所享受的快乐亦愈深。人们接近卑俗的美术品时，往往因为这是自己所能懂得的，故竭力称赞而爱好之。但他们忘记检点自己眼力。他们把自己固定在低浅的程度上了。倘能回想自己的眼力的深浅与正否，而虚心地窥察美术全野的状况，必能舍弃现在的浅薄的美而另求进境了。爱好高尚的美犹如登山，费力较多，但所见的景象愈远愈广；爱好卑俗的美犹如下山，顺势而下，全不费力，但所见的景象愈近愈狭，其人愈趋愈下了。凡卑俗的美必全部显露，反之，高尚的美则必有含蓄。卑俗的美，一见触目荡心，再看时一览无余，三看令人欲呕。高尚的美则初见时似无足观，或竟嫌其不美，细看则渐入佳境，终于令人百看不厌。外国漆匠所绘画的广告画是其一例，《孟姜女》一类的俗乐，又是其一例。那种广告画画得形态逼真，色彩艳丽，能惹起远近行人的注目。但细看其画法，完全出于机械的模仿与做作，浮薄令人可厌。《孟姜女》一类的俗乐，初听时觉得其旋律婉转悠扬而甘美，但多听数次便感厌倦、肉麻，因厌恶其乐曲而一并鄙视其唱奏者。故显露与含蓄，可说是美的深浅高下的分别的标准。但这仍须用主观去判别，主观缺乏教养的人，仍不能知道何者为显露，何者为含蓄。游戏场里不绝地在那里唱奏《孟姜女》一类的俗乐，可见听众中定多对于《孟姜女》百听不厌的人。大书坊、大公司正在努力征求而大批发行广告用的时装美女月份牌，可见社会上定多此种绘画的欣赏又崇拜者。这样看来，上述的分别标准徒托空言，不能实际有效用于学习者。故欲教人辨别美的高下深浅，不能从客观上着手，只能先教人自己检点其主观。自己检点是困难的事。但一方而能虚心而不固执，一方面再能信仰美术的先进者而容纳其指导，即使最初不正确的人，后来也能体会健全的美。

第二种不健全的美是病的美。偏好某种性质的美而沉溺于其中，不知美的世界的广大，便是病的美的作祟。例如趋于"优美"的极端的抒情的绘画、悲哀的音乐，往往容易牵惹多烦闷的现代青年的心，使他们沉浸于其中，不知世间另有"壮美""崇高美"等的滋味。又如一种客观性狭小的新派的艺术，故意反对常识的艺术，而做众人所不解的奇怪、神秘、暧昧的表现，往往容易牵惹思想混乱的现代青年的心，使他们趋附炫奇，借口新派而诋毁常识的艺术为陈腐背时。这两种都是病的美。成熟的艺术家不妨因其个性的特殊的要求而倾向某一方面。例如德国画家勃克林（Böcklin）的倾向神怪，法国画家查瓦内（Chavannes）的倾向幽玄，作曲家舒伯特（Schubert）的倾向悲哀。但普通学生的学习艺术科是欲得艺术的常识而受艺术的陶冶，不是欲在艺术界独树一帜而为艺术家。他们应该虚心容纳各种的美，由正当的途径而受健全的美的熏陶。艺术的正常与偏执，可视其客观性的广狭而判定之。凡多数有教养的人所能共通理解的艺术，为客观性广大的艺术，即正当的艺术。反之，少数有教养的人所爱好而为大众所不能理解者，为客观性狭小的艺术，即偏执的艺术。（但现在所谓有教养的人即有正确的鉴赏力的人。不然，前述的卑俗的美术便可说是客观性最广而最正当的艺术了。请勿误解。）趋好偏执的艺术的人大都是好奇、热情，或精神异常的人。艺术所及于人的影响，不仅一种知识或经验，又能从心的根源上改变其人的性情。故趋好偏执的艺术的学生，其生活亦往往随之而陷入不健全的境地。或者阴郁、孤独，或者狂妄、自大，或者高扬自己的偏好而忽视其他一切的学业。学校中因偏好艺术科而放弃其他学业的人很多，但因偏好一种知识学科而不顾其他学业的人少有所闻。可见艺术科与其他学科性质特异，富有左右人的性情的力量，学者不可以不审慎从事。

昔孔子观明堂的壁画而称"此周之所以兴也"，闻郑卫的音乐而叹为"亡国之音"。则艺术的健全与否，不但影响于人的性格，又关切于国家的兴亡。现今社会上那种不健全的画图与歌曲的流行，暗中在斩丧我民族的根气。欲匡正此弊，只能从学校的艺术科着手。

图画学习法

学习画图要注意二事：第一要辨别门径，第二要磨炼眼光。说明于下。

第一，辨识门径。

画的种类可就三方面分别。从画的用具上分别之，有铅笔画、木炭画、毛笔画、水彩画、油画、粉笔画、蜡笔画、钢笔画……从画的题材上分别之，有花卉画、翎毛画、人物画、仕女画、山水画、静物画、动物画、风景画、历史画、风俗画……从画的方法上分别之，有写生画、记忆画、想象画、工笔画、粗笔画、略笔画、东洋画、西洋画、新派画、旧派画、素描、彩画、漫画、图案画……画的方面如此其纷歧，画的种类如此其复杂，故初学画图的人欲选择几种应习的画而对此纷歧复杂的光景，茫茫然无从知道其中的系统，心烦惑而不能决定选择的途径。因此往往有人不明大体，任自己的爱好而倾向某一种绘画。有的说"我欢喜学钢笔画"，有的说"我欢喜学漫画"，而致力于这方面练习。以若所为，求若所欲，结果都入歧途而无有成功者。何以故？因为学画有一定的步骤与途径，必按步骤而由正道，方可得成功。若躐等而进或从旁门而入，必不得良好的结果。

画的种类虽然复杂，但能从根本上探求学画的门径，其实简单明了。学者诚欲解除心中的茫乱烦惑而探得图画学习的门径，请屏弃一切先入观念，而试听吾根本之说。

根本地说，所谓描画者，是吾人有感于天地间的美的景象，观赏之不足而用丹青描写此感激的光景于平面的纸上的一种工作。专门的大画家的创作与初习图画的小学生的练习，其程度虽然高低悬殊，但描写的定义无不相同。若有不合于此定义的描画，其所描的一定不是正当的画，不能成为正当的艺术。

（例如临摹别人的画，或用格子及放大尺等机械地模仿照相或画片等，皆非有感于天地间的美景而描写自心的感激的工作，故其所描不成为艺术的绘画，仅属一种游戏。）如前所述，画的种类甚多，但都是根据了这定义而发生的：例如因美的景象的种类而发生花卉画、翎毛画、人物画、仕女画、静物画、动物画、风景画……因丹青的种类而发生木炭画、铅笔画、毛笔画、水彩画、油画……因描写的方法而发生写生画、记忆画、想象画、工笔画、粗笔画、东洋画、西洋画……花样虽多，道理唯一。学画的人切勿眩目于其花样，只要按照其唯一的道理而选定根本的练习法，便探得学画的门径而一通百通了。

所谓"根本的练习法"如何？请回想前述的定义："有感于天地间的美景而用丹青描写此感激于平面的纸上。"可知图画的实际的工作是学习把立体的景物描写为平面的形式的技能。换言之，图画的技术是把眼所见的物象用手描出在纸上。学得了这一种能力，图画的技术即已完备了。学图画的人必须根本地从这点上探求路径，不可另觅歧途旁门。临摹画谱，用放大尺模仿照相等，都是歧途旁门。因为用那种方法学会一种画具或一种物象的描法，只是一种，不能活用。方法画具有种种，天地间物象更是不计其数，要一种一种地分别学会其描法，恐怕用毕生的时间也不能完全学会。况且那不是由于自己的感激而来的，先已违背图画的定义了。然则我们有什么一通百通的活用的练习法可以根本地学得用各种画具描写森罗万象的技能呢？其法如下：

万象虽多，不过是各种的形状、线条、色彩的种种的凑合。我们只要选定一种完备一切形状、线条、色彩的物象，作为练习描写的模型。熟达了这种物象的描写之后，对于天地间一切物象都能自由写出了——这物象便是"人体"。

画具虽多，不过是为欲变化画的表面的趣味而造出的，但描法的道理唯一不二。我们只要选定一二种最正当又最便于练习的画具，由此学得了描法的唯一不二的道理，则其他一切画具都能自由驾驭了——这画具是"木炭"和"油绘具"。

故根本的学画法，是最初用木炭描写石膏模型（即人体的部分的石膏模型），其次再用木炭描写真的裸体人，最后用油画描写裸体人。三步的练习充分熟达以后，画家的基础即已巩固了。——普通学校的学生的学习图画并非欲做专门画家，为什么我在这里讲专门画家的技术修炼法给普通学生听？因为画法道理唯一，普通学生与专门画家的所学，不过分量轻重不同，性质并未变更。凡为学问，必从大处着眼，方能达得正当的门径。读者请先明白画法的大道，然后再计自己的课业。

为什么特选木炭和油绘具的两种画具和人体的一种题材？其理如下：

第一，凡要描写物象的形似，分析起来可有四方面的研究，即形状、线条、明暗、色彩。拿制造风筝来比方，形状犹似风等的形式，线条犹如风筝的骨子，明暗犹似风筝上所糊的纸，色彩犹似纸上的花纹。要风筝放得高，先须注意其形式、骨子，和所糊的纸，花纹则有无听便。同理，要把物象描得像，先须注意其形状、线条和明暗，色彩则不妨从缓研究。试看照相及活动影戏，只有形象及浓淡，只用黑白二色，而物象均能毕肖。可知形状、线条和明暗，实为物象构成的基本材料，研究了这些基本材料之后，则眼所见的物象即能用手正确地描表于纸上，而图画的基本的技术即已学得了。故初学绘画必用黑的木炭描写在白的纸上，不用其他的色彩。这画法叫作"基本练习"。专门的美术学生一入学校即专习木炭画，习至一二年之久，然后试作彩画。木炭画的基本练习历时愈久，作彩画愈感便利而成绩愈良。何以故？因为对于形状、线条、明暗的研究愈加充分熟达，则作彩画时愈可专心顾到色彩方面的描表法，其成绩容易完美了。故笃志好学的画家终身不离木炭画。虽已熟达油画水彩画等技术，犹时时用功木炭画的基本练习，以求技术的深造。如上所述，木炭画是绘画上最基本最重要的一种画具，故学画的门径必由此而入。

第二，彩画种类甚多，何以必以油画为主？因为油画有种长处，在一切彩画中为最优秀；又绘画的最完全的表现是彩画，故彩画中最优秀的油画为最正当最完全的画具，可说是学画的最后的目的地。油画的长处如何？约言之有三：（1）油画的材料与技法均最进步，故不拘画面大小，均宜用之。小至数寸的小品（例如 miniature①），大至寺院宫殿的壁画，油画均能适用。别的彩画就不然，水彩画虽有轻妙淡雅之长，然其性质不宜于作大画，只供小品之用。像报纸大小的水彩画已是最大的画面了。色粉笔画虽有柔和鲜丽的特色，然更不宜于大画面，只能够作精致的小品。又如古代壁画所用的鲜画（fresco②）固专长于作大画，但因其颜料的性质的关系，只宜于大画而不适于小画。且作大画时也不及油画的便于使用。故一切彩画之中，唯油画宜大宜小，是为便利。（2）油画的颜料大都是不透明的，黑的地子上可以用白的油画颜料来掩覆，故作油画时有改窜自由的便利，为其他一切彩画所不及。作画是表现自心所感激的自然景象，故潜具宜力求便于使用，可以挥毫自由而无顾虑之烦。关于画具的操心愈少，则画者愈得专心于观察、想象、表现的功夫上，而制作的成绩更加良好。油画的颜料均有掩覆性，不但调子色彩的明暗可以任意修改，即已画成山，亦不难改描为天空。回顾别的彩画，水彩画非把明的部分留出白的地纸不可，且色彩一经涂上，不易洗去，洗过就留下不自然的痕迹。色粉笔画虽然亦稍有掩覆性，但使用及改窜远不及油画的自由。（3）油画以帆布为地子，以漆类的胶质为颜料，故质地坚牢，永不褪色，可以永久保存。文艺复兴时代的大作油画，历三四百年之久，至今色泽依然如故地保存在各国的美术馆里。鲜画

① 微型的、小型的。此处表示小画像，微型画。编者注。
② 即壁画，湿壁画。编者注。

虽也有古代的遗留品，但色泽均逊，不复保留当时的真面目，殆已成为古董了。水彩画易因风吹日曝而褪色，且其地子为纸，根本难于久存。至于色粉笔画，则粉末最易脱落，在彩画中要算最难保存的了。——油画兼有上述的三种长处，故在一切画具中占有最完全最正大的地位。自来的画家，除了极少数的特殊爱好者以外，几乎无人不研究油画。水彩画及色粉笔画仅偶用之以作画稿或 sketch① 而已。故学画的正途，是以木炭画为预习的阶段而以油画为目的地。

第三，既已说明了画具的所以选定木炭与油画的理由，次述题材的所以选定人体的原因。学画的正当的门径，是最初用木炭描石膏模型，其次易石膏模型为真的裸体人。最后易木炭为油画。石膏模型者，就是雕塑家依照人体而做的雕刻品，有头像、胸像、半身像、全身像，及手足等的模型。因为真的活人姿态易变，且色彩复杂，不便供初学者练习观察而作素描，故先用人的石膏模型，取其静止不动，可供初学者仔细注视而从容描写；又取其色纯白，可使初学者容易辨别其明暗的调子。这是专为初学练习的方便而设的。实则学画所选定的题材始终是"人体"。这恐怕是一般人所认为最难理解的绘画上的奇特的现象。我们乡下人的俗语，称描画为"画花"。恐怕这不限于我们乡下如此，这话并非无因，中国画的题材的多取自然界的花

---

① 即速写，草图。编者注。

卉，或有以养成这习惯。现在学校里的图画科是取用西洋画的方法的。我们鉴赏到西洋的绘画作品时所最感奇特的，是画的题材的多取人物，尤多取裸体的人。名家的作品集中几乎没有一册不载裸体画，展览会场中触目是裸体的人。这一点东洋与西洋相反，前者多取自然，后者多取人物。倘使西洋人也有俗语，应是称描画为"画人"了。为什么西洋人喜描人而东洋人喜描花？这事牵涉东西洋思想文化的背景，是言之甚长的一个问题，现在无暇论述。现在我只能说明绘画上所以多描人物的理由，以为初学图画的人解惑。其理由有二：第一，即如前所说，人体中包含一切形状、线条与色彩。故在森罗万象中，人体的形色最为复杂，最为俱足，同时亦最为难描。故熟达了人体的描法之后，万象无不能描。在没有经过训练的眼看来，花、蝴蝶、孔雀，何等美丽，远胜于肉色而羞耻的裸体。其实那些不过五彩绚烂眩耀人目而已，细究其构成，远不及人体的巧妙变化而复杂。就形及线而说，花瓣上的曲线，在人体上都可找到。反之，人体的曲线，花卉中不能尽备。就色彩而说，蝴蝶与孔雀的色彩不过强烈而艳丽，但幼稚浅薄，一览无余。反之，人体的肉色粗看似乎平淡，但在光线之下变化无穷；宇宙间色彩的复杂，无过于肉体。故裸体描写，研究愈久则发现愈多。凭空难说，读者能看几幅大画家的作品，然后再看人体，自能渐渐理解其被选作基本的画材的理由了。第二，绘画中所以多取人体为题材，尚有一点更内面的原因：如前所说，描画是吾人有感于自然界的美景而用丹青描写其感激于画中的一种工作。可知我们对于所欲描的物象，心中必然感激赞叹。这时候我们的心必迁居于这物象之中，而体验其美，名曰"迁想"。当然不是像孙行者变法地把灵魂移入物体中而使之变成妖精。只是想象自己做了物象，把心跟了物象的姿态而活动，以体验其美，故曰迁想。迁想的程度的深浅，因物象的类别而异。我们自己是有生命的人，对于无生命的山水花草器什，因为物类之差最远，迁想最不易深。其次，由于有生命而异类的犬马，物类之差稍近一些，迁想亦较易深。最后，对于同类的人，则最易同情共感，迁想亦最深。即万象之中，人体最易得描画者之迁想。换言之，即人体最富于"生命之感"。这是绘画中所以多取人体为题材的一个更内面的原因。在这里我们便可知道中国画与西洋画的差异：西洋画家善迁想于生命感最丰富的人体，中国画家则善迁想于生命感最缺乏的自然。于此可知中国画比西洋画高远。西洋画比中国画浅近而易于入门，故现今世间的学校的图画科都取用西洋画的方法。

学画的根本的方法及其理由，已尽于上述。要之：熟达木炭及油绘的画具之后，一切画具皆能应用；研究人体的描写之后，一切物象皆能描写。此即所谓一通百通的活用的方法。

或问曰：以上所述，皆专门学画之道，需要悠长的年月与复杂的设备。普通学生的图画科每周只有数小时，又没有油画及裸体人的设备，或竟连石膏模型而无之。虽欲遵行，如何可得？

　　答曰：此言诚然。但凡为学问，必从大处着眼，则免入歧途。读者对于上文宜勿拘其"事"，而取其"理"。事者，木炭、油绘、石膏型、裸体人是也。理者，先用素描研究形状、线条、明暗，后用彩画兼写色彩是也。悟通此画理之后，铅笔可以代木炭，水彩或色粉笔可以代油绘，静物可以代石膏型，着衣人可以代裸体人。但普通学生与学校的图画的设备绝不宜如此其简陋。木炭容易置办，石膏模型应该设备几个；油绘sketch的描写也是文明人应有的常识，岂必专门家而后可学？至于人体的研究，则普通学生有石膏模型已足，自不妨省却裸体人的设备了。故上述的话，并非全是专门学画之道，普通学生部可在相当程度内遵行。唯对于只有长台板凳的教室的学校的学生，上文完全是空话了。

　　第二，磨炼眼光。

　　普通称图画科的练习曰"描画"，因为其总是用手练习描写的。但你倘拘泥于这名称，而埋头于"描"的工作，你的图画一定学不成。学图画不宜注重手腕的工作，应该注重眼光的磨炼。因为手是听命于眼而活动的。舍眼而练手，是忘本而逐末，其学业必入于旁门歧途。故图画虽称为"描"，而其磨炼必从"看"入手。能看然后能描，有眼光然后可有腕力。有了眼光即使没有描写能力，亦不失为解艺术而知画的人；反之，仅有描写能力而没有眼光，其人就是画匠。

磨炼眼光之道有四：第一是观察自然，第二是练习作画，第三是鉴赏名画，第四是阅览书籍。说明于下。

第一，观察自然：图画是吾人有感于天地间的美景而用丹青描写之于纸上的工作。则对于美景的感激是画的动机。一切绘画都是从"自然"中产生的，故自然可说是艺术之母。学图书必先练习观察自然美的眼力。怎样能在自然中发现美的姿态？其法有二。

（1）切断关系的观念，而看取物象的独立的姿态，即容易发现其美。关系就是物象对世间的关系，对我的关系。例如在故乡的田野中眺望景色，心中不能打断其村为我的故乡，其田为我的产业等关系的观念，理智活动而感觉障蔽，对之只感利害得失而不易发现其美景。反之，一旦忽入素未曾到的异乡中眺望景色，便不起关系的观念，即理智停息而感觉旺盛，即容易发现美景。异乡风物胜于故乡，一半固由于不见惯之故，但一半由于切断关系观念之故。郊野散步的时候，用手指围成一圈，而从圈中窥眺一部分的景色，其所见必比普通所见更美。俯身从两股间倒窥背景后的景物，天天惯见的乡村亦能骤变为名胜佳景。这也是因为圈子的范围与倒景的变化，打断了其物象的关系，使成为独立的姿态，故容易发现其美。关系是障蔽物象的美的姿态的。学画者对于静物、果物、人物、景物，都要练习切断关系的看法，然后能发现其美的姿态，而从中感得"画意"。

（2）把立体的景物当作平面看，便易发现其美。例如吾人入郊野中，举目望见白云、青山、曲水、孤松等景物。若用心一想，即知道白云最远，青山次之，曲水较近，孤松则距吾不过百步。又在观念中显出一幅鸟瞰地图，上面排列着此四物的距离与位置。这便不感其美而不能发现"画意"了。反之，不要用心去想，只是张开眼来，像照相底片似的摄受目前的景物，则白云、青山、曲水、孤松没有远近之差，而在于同一平面之上，眼前即是一幅天然的画图了。桌上放着一只茶杯和几个苹果，观者若想念其距离而作鸟瞰的看法，便无可画之处；倘能当作平面看，即成为一幅静物画。图画原是把立体的美景描写于平面的纸上的工作。故物象的平面的看法最宜注意练习。但平面的看法仍是根据了打断关系的作用而来的。能打断关系即能做平面的看法了。上述两种对于自然的观看法名曰"艺术的观照"。诗人对于景色善作艺术的观照。杜甫诗云"落日在帘钩"，王维诗云"树杪百重泉"。落日与帘钩相距极远，山间的流泉与地上的树亦隔着距离。两诗人切断了这些景物的关系而用平面的看法，故能见到这绘画的境地。

第二，练习作画：画是用手作的，但倘专重用手而闲却眼光的磨炼，便不是正当的图画学习法了。由作画磨炼眼光之法：我们对着一幅素纸而动笔描写静物的时候，心中不可抱着"我现在要把一只茶杯和三只苹果描出在这素纸上"的想念，必须经营"如何把目前的景象（茶杯与苹果）安稳妥帖地装配在这长方形的空间（素纸）中"。倘使抱着前者的想念，其描写就变成记录，其画便成为博物标本图，而不成为艺术的作品了。必须不念物象的内容意义，而苦心经营空间的分割布置的工作，然后素纸上可以显出空间美而成为艺术的作品了。初学图画的人所缴来的画卷，往往在一张广大的图画纸的中央或角上精细刻画地描着几件静物，而把余多的空白纸置之不顾。这些都不能称为绘画。绘画是空间艺术，空间在绘画上是非常贵重之物，画面中岂容任意留出空地？画面中的地皮比上海的宅基地还贵重；画面中的尺寸比美人颜貌上的尺寸更为严格；所谓"增之一分则太长，减之一分则太短"的话，在布置安稳妥帖的画面中非常适用。故画面中没有空地，不描物象的地方不是无用的空地，乃有机的背景。这背景对于物象有陪衬、显托的作用。其形状、大小、粗细、阔狭、明暗和色彩，均与物象有重大的关系，不是任意留出的。今于大幅的素纸中孤零地描写几件静物，是蔑视画面的空间及背景的作用，而做非美术的说明的图解，不是图画科的功课了。作画第一要重视空间。长方形的图画纸内的空间处处均发生效力而做成美的表现，是作画的第一要义。故作画是一种能动的、切实的眼光磨炼。

第三，鉴赏名作：自己作画是能动的眼光磨炼，鉴赏名作是受动的眼光磨炼。由前者可以切实理解美的方则，由后者可以广泛理解美的性状。两者在图画修养上是并重而不可偏废的。但鉴赏名作必须郑重选择其作品。若任意浏览，弊害甚大。初学美术的青年，自己的眼光当然缺乏正确的批判力，指导者切不可任其随意鉴赏。不然，在极幼稚的眼中看来，一般镜框店中所售的下级的西洋画（例如日本富士山雪景图，森林、瀑布、夜景图等，在茶园、酒肆、商店及俗客的家庭中的壁上时有所见），时装美女月份牌，甚至香烟匣中的画片，比大画家杰作更可赞美。其眼光反因此而堕落了。故鉴赏名作，指导者不可任学者自选，同时学者亦宜自己觉悟，虚心信受指导者的忠告。学者最初对于指导者所选定的名作或有不能发现其好处而抱反感，但切不可过于自信而信口批评。须平心静气，仔细观赏，再三吟味，或请先进者解说其鉴赏法。倘指导者所选定的确为佳作，则学者久后自能发现其美，自己的眼光即受此等佳作的熏染而进步了。信口批评是求学的青年们最宜忌避的恶习。每见青年人观画，喜信口褒贬，有的说"这画不好"，有的说"那画好极了"，这种狂妄的态度，实足以自封其学业的前途。我并非不许青年学生发表其对于美术的意见及好恶。他们极应该对指导者或先进者发表其鉴赏名作以后的感想。他们尽可说"我欢喜这幅画"，或"我看不懂那幅画"，而就正于有道；但不宜妄评其"好"与"不好"。好与不好是评定其艺术的价值的。老练的美术批评家尚且不敢直接痛快地断定名作的价值，普通学生岂可信口褒贬？名画乃各画家的精心结构之作，皆富有美的价值。鉴赏者与某画家性情接近，便容易理解而爱好其作品；与某画家性情隔远，即不容易理解而不爱好其作品。故万人皆得发表其对于名作的理解的程度及好恶的心情。但非确有见识，不宜妄评其好坏。这一点不但有关于美术修养，又有关于德业。总之，鉴赏名作第一要虚心静观，然后可以广泛地理解美的性状，而增进其眼光。

第四，阅览书籍：上三项是直接磨炼眼光的，此一项是间接磨炼眼光的。我国大画家有谓学画须"读万卷书，行万里路"。因作画从手腕出，手腕听命于眼光，眼光根据于胸襟。故读万卷书行万里路以修养胸襟，即从根本上修养作画。普通学生的学习图画，用不到这高谈阔论；但深浅虽殊，道理同一。故图画的进步自与全体修养的进步相一致。例如上文所述，诗人常做绘画的描写。则吾人研读诗文，非特修文学而已，又可获得绘画的理解。但我现在所谓阅览书籍，拟舍远就近，劝学者于描画看画之外，宜阅览与绘画直接有关的书籍，以辅助其图画课业的进步。例如画的描法、色彩法、远近法、构图法、美术鉴赏法、美术知识、美术史、艺术论一类的书籍，都是于图画的眼光磨炼上有益的读物，都是图画科的参考书。读者如欲我介绍一二，我可推荐我自己的译著：最宜为图画科课外读物的，是少年美术读本《西洋名画巡礼》（开明版）。这书内载西洋名画二十四幅，及讲话十二篇。名画为四百年来的西洋大画家的代表作；讲话则从此等名画的鉴赏法及其作者的事略说起，附带述及图画的学习法、绘画的理论，以及关于美术的知识。其次，《西洋画派十二讲》（开明版）亦可为理解绘画之一助。该书内载西洋近代各派代表作四十二幅，每派为文一讲，说明其画风、提倡者，及群画家的生涯与艺术。以上两部都是与绘画关系较切的书籍，其次则《西洋美术史》《艺术概论》《现代艺术十二讲》（皆开明版），有余暇及兴味之人均可一读。

我所能忠告读者的图画学习法，即如上述。总之，辨别门径与磨炼眼光，是图画之门的二重关键，非探此关键不得入门。

音乐学习法

音乐学习法的要点有二：第一也是辨识门径；第二是确修技术。说明于下。

第一，辨识门径。

音乐表现可大别为二类，其一是用人声唱歌，名曰"声乐"。其二是用乐器演奏，名曰"器乐"。声乐中虽然也有种种组织法，但表现器具只是人声一种，概称之曰唱歌亦无不可。器乐则种类繁多，所用乐器有数十种，组织方法亦变化复杂。普通学生学习音乐，应取道于如何的门径，不可不先辨识。

现今普通学校中的音乐科大部分的工作是唱歌；或只限于唱歌而不修器乐。音乐科的工作的范围究竟如何？照教育部所定课程标准，初中一年生即须兼习唱歌和器乐基本练习。但实际奉行的学校似乎极少，大都仅教唱歌而音乐科的能事已毕。学校的实际虽然如此，但学者应该明白学习音乐所应走的正道。

其道如何？答曰："宜以声乐为基础，以器乐为本体。"在小学校受了唱歌训练之后，基础略具；初中一年生自当进而接近音乐的本体。声乐何以为音乐课业的基础？器乐何以为其本体？其理如下。

第一，音乐是人的感情的表达。声乐是用人声演奏的音乐，故声乐的发表感情最为直接。最直接的表现最自由，且最易感染。因这理由，声乐在音乐上有根本的价值。器乐原是由声乐发展而来的，即因人声的音域有限，不够应用，遂用乐器代替喉音而做更广大的表现。换言之，声乐是直接用自己的身体直接发表心中的音乐，器乐是在心中默唱而以乐器代替身体发表。故声乐为器乐的根本。无论学习何种乐器，必须从声乐研究（唱歌）开始。凡擅长器乐演奏的人，同时必擅长声乐；不过其喉音未经磨炼，不能用口直接表现而在心中默唱而已。故中学校的音乐科须以唱歌为主而乐器练习为副，以冀其基础巩固。

第二，音乐是表现音响的美的艺术。音乐与言语不同，言语含有意义，音响则只有高低强弱长短而没有意义。唱歌的歌词是用言语表示意义的，故唱歌不是纯粹的音乐，是音乐与文学的合并的表现。不用言语表示意义而仅由音响的高低强弱长短表出音乐的美的，正是器乐。故曰，器乐是音乐的本体。近世音乐发达以来，器乐勃兴而大进。大音乐家的作品大多数是器乐曲，音乐演奏会所奏的大半是器乐曲。故近代称为"器乐时代"。器乐时代的人对于器乐必须具有相当的理解。故中学校的音乐科不可止于唱歌，而必兼修器乐，使学生具有器乐鉴赏的能力而接触音乐的本体。

音乐的门径较图画的简明。学者只需先修唱歌，略具基础，则兼习器乐，如是而已。唱歌是团体练习的，材料自有先生选配。器乐是个人练习，其材料亦有基本练习书或教本排定，不须自己探求。所修的乐器，则不外二种，即风琴与洋琴①。因为风琴与洋琴是最完全的独奏乐器，既可奏旋律，又可奏和声。故初习器乐舍此莫由。如欲修习怀娥铃、笛、喇叭等其他乐器，亦须以键盘乐器（即风琴与洋琴）为基本。但普通学生的音乐课业时间有限，事实上不能专修多种的乐器。故其音乐练习的工作不妨指定为唱歌与弹琴二事。

第二，确修技术。

音乐的门径很简明，容易辨识；但音乐学习的难点在于技术的修炼上。流动的音过去即行消灭，不比形状色彩的留下凭据，故音乐修炼最难正确。不正确的修习，虽门径无误，尽可流入邪道歧途，而不能入门。故图画学习的要点在于门径与步骤，音乐学习的要点则在于技术修炼的态度上。现代音乐进步发展已达于极高深的程度。故研究音乐必取极严格、郑重而正确的态度。古人教人写字态度必端庄严肃，曰："非是要字好中，只此是学。"这不是道学先生的迂阔之谈，确是深解技术的

---

① 指钢琴。编者注。

人的循循善诱的教训。凡技术修炼，态度正确者技术必多进步，习字与习音乐同一道理。但说明理由，学者必抱功利心而盼待效果。今不言明态度正确的效果，则学者无功利心于其间，而可在不知不觉之中渐渐进步了。学习音乐正宜取这样的格言："弹琴唱歌，态度必端庄严肃。非是要音乐好，只此是学。"近世进步的音乐，技术非常高深。无论声乐的唱歌，器乐的弹琴，都不许当作消闲娱乐之物而任意玩弄，须用严肃的态度而勤修基本练习。音乐的基本练习如何严肃，请为读者略述之。

声乐的基本练习，首重发声。声有地声、上声、里声三种声区。唱歌者必须充分练习这等声区的，使唱时善于变换。声区的变换名曰"换声"。换声是唱歌上极困难的一种技术。熟达这技术的唱歌者，其换声不见显明的痕迹，而自然移行。声区的优劣，全由于唱歌法的基础的"发声法"的学习态度而定。学习态度不严正，绝不能练成优秀的声区。发声的要点在于呼吸。须使呼出的空气皆为歌声，全不夹杂一点别种的声响，明快、澄澈而自由，方为最上的发声法，又声量的变化也须练习，唱歌时所发之声，须先由弱声开始，次第加强，再次第减弱，终于消失。这声量调节的方法名曰messa di voce。还有声的进行也有种种的技术。例如从一音移到别音时，欲其不分明界限而圆滑进行，名曰"贯音"（legato）；由此更进一步，欲使两音完全接续，名曰"运音"（portamento）；反之，各音短促而分离的唱法，名曰"顿音"（staccato）；使歌声震颤，名曰"颤音"

(vibrato)。这等唱法各有其巧妙的用处，练习声乐的人均须一一认真地修习。唱歌者的最初步的功夫是练习发音字眼的明确。在唱歌上，无论何国言语，其发音必须明白清楚而正确，不得稍有模糊。练习者须置备小镜子一面，照着自己的口而校正发各种母音时的口的形状。母音有五，即 A（阿）、E（哀）、I（衣）、O（恶）、U（乌）。发 A 音时口作大圆，E 作阔扁形，I 作狭扁形，O 作小圆形，U 作合口形。歌词中所用的字眼都是各种子音和这五个母音的结合，故五种母音正确练习之后，就能正确地唱奏一切歌词中的字眼了。母音练习之法，先用 A 音唱出音阶上的各音，及各种音程练习课。顺次及于其他四音的练习。同时由指导者或由自己从镜中检点口的形状，每唱一音，务使口始终保住同样的形状而发同样的声音。不励行这种严正的练习，带着笑而任意唱歌的，都不是正当的学习者。他们是以唱歌为游戏，他们是侮辱声乐，他们的学习是徒然的。

弹琴的基本练习更为严密繁复。例如练习洋琴，则须依据原册的基本练习书而一课一课地弹练。每课中都有艰难的指法与迅速的拍子。一课弹练十分成熟，然后进而弹练新课。这不比看书，不是以懂得其意义为目的，而以学得其技术为目的。要懂得意义，可用理解力及记忆力；但要学得技术，理解与记忆都无用，而全靠"熟练"。熟练不能速成，除了一遍一遍地多弹以外没有别法。中等天才的人要熟练一个小小的洋琴曲，至全无停顿与错误而流畅地演奏的地步，至少也须弹练数十遍。

但这种实技的功夫，必须身入其境，然后知道其难处。平日在小风琴上随意乱弹小曲的人，听了如此严肃的话未必能相信。他们不知道弹琴有一定的指法，音乐有复杂的和声。不讲指法，不用和声，而仅在琴键上弹出一道旋律，原是容易的事。但现今的进步的洋琴音乐绝不能就此满足，必须用复杂的和声与正确的指法。我们只有十个手指，要同时按许多键板而敏捷地继续进行，自非精研指法不可。但这仍不过是局部的技术而已。就全体而论，名家的作曲都有一定的速度与表情。弹奏的人必须充分理解其乐曲全体的内容，用了相当的速度而表现其曲趣，方为完全的演奏。故学习洋琴须用极认真的态度。演奏者的身体的姿势、手指的弯度、足的位置、头的方向，都须讲究，必须用恭敬严重的态度，方能探得洋琴音乐的门径。否则止于音乐的游戏。

1931年8月16日稿

谢似颜

谢似颜（1895年—1959年），浙江上虞人，中国近代体育史知名学者。早年就读于安定中学时参加浙江省第1届运动会，以夺得三项赛跑冠军的成绩而轰动杭州城。后留学日本东京高等师范学校体育系，曾任浙江省上虞春晖中学等学校体育教师、浙江省体育场场长、北平师范大学体育系教授、北平私立民国大学体育系主任等职。

体育科的旨趣及其学习方法

一 导 言

要讨究这个题目，对于体育先得有正当的观念。一般中学生对于体育往往怀着错误的观念。就说我自己，当中学生时代对于体育抱着"三大主义"，那就是错误的观念。什么叫作"三大主义"呢？我以为食量大、力量大、身体大，便是体格好的标准。食量大、力量大、身体大，固然也可以说是身体健康的表征，但是单把"大"认作体格好的标准，那就错了。现在我且在下面分项来解释。

食量大不是体格好的标准　食量的大小应当以胃的消化力为标准。有多少消化力，就吃进去多少东西，这是正当办法。有些人食量很大，但并非由于他的胃的消化力大，却由于他的胃的容受量大。不顾消化力，单因胃里似乎容纳得下，就吃多量的食物，这样实在有害于身体的健康。我们的胃本来有收缩能力，若胃里面填塞着多量的食物，久之收缩能力失掉，患上胃扩张病。患胃扩张病的人思想迟钝，工作效率低下，乘船则容易呕吐，显然是不健康的人。于此可见食量大和体格好并没有必然性的关系。

力量大也不是体格好的标准　从事运动的人力量总比较大些。但是仅仅力量大不就是体格好。因为力量大就是筋肉系统特别发达，而所谓体格好须要身体各部平均发达；一部分特别发达之后，往往阻碍了其他部分的发达，这于身体的健康很不利的。筋肉系统特别发达的人的心脏因屡次的努责作用，心筋的纤维起了变性，也会起扩张症。又胸和肩的筋肉过度发达，胸廓成为洋樽状，常在吸气状态中，呼气不甚便利，因之呼吸的盈虚量反而缩小。这样，肺的机能非常减退，就容易惹起肺气肿、肺结核等疾病。

身体大更不是体格好的标准　俗语有"身大力不亏"的话。其实，依上面说，即使身大力也大，身体若不是调和地发达，仍算不得好的体格。一般人未免误会，认为肥胖就是强壮，以为强壮的人力量总大，所以有这样的说法。讲到肥胖，那绝不是健康的表征。肥胖的人营养过剩，循环系统机能差，他们正患着脂肪过剩症呢。还有一种人往往一手或一足大得不成样子，这叫作先天性肥大，也是病态。一个人原不妨希望有大的躯体，但不要先天性的肥大，也不要脂肪过剩的肥大（那是一种每天担着重负的苦役）；要大得有力，机敏，富有弹性，上下相称，内外均衡，没处不调和，那才是健康的体格。

二 体育的目的

对于错误的观念既已解释明白，然后可以讲体育的目的。体育的目的为增进个人的幸福，使生活富有意义，工作效率提高，人格修养深化，至锻炼肉体使它强健，不过目的的一部分而已。但这一部分却是目的的基础部分。因为精神的活动关系于神经系统，如果神经系统不健全，精神作用就难望完全，而神经系统的健全，又须内脏各器官及筋骨状态良好方才可能。例如感觉器官有缺点或不健全的人，对于各种知识就不能尽量吸收，精神生活未免有缺陷。又如内脏器官不健全的人，身体各部的营养不完全，对于生活总觉得不愉快，无缘无故地寻愁觅恨，发怒动气，遇到一点点小事情，竟会落胆失望，起厌世的悲观。以上是说身体状态影响到精神生活。同时精神状态也可以影响到身体。人们当忧愁思虑的时候，往往食欲减退，消化不良，便通迟钝，甚至身体憔悴，神经衰弱，或因惧怯而患急剧性痢疾，或因惊骇变化，乳汁减少，黏液及唾液之分泌也有变化。总而言之，身体可以影响到精神，精神可以影响到身体，两者绝不是分得开的。要精神焕发须锻炼身体，要身体发达须修养精神。以其互为因果，故而双方并进，这样才能完全达到体育的目的。再具体地分条述说如下：

第一，锻炼体格，期其均齐发达。

第二，发达各部的机能，使感觉器官反应敏捷。

第三，训练动作使机敏耐久，训练精神使快活刚毅。

第四，养成守规律尚协同的习惯，取得适存于文化社会里的一员的资格。

上述四条并非各自分离的，实在是综合一致的。

第一是从解剖学上看来的见解。就是说我们身体各部分要平衡地发育，不但外部的头部、躯干、四肢、筋肉、骨骼要平衡，就是内部的消化、循环等各系统也要相称，那才是好的体格。如果一部分特别发达，他部分不能相称，这于身体反而有害，上面已经说过，不必再说了。

第二是从生理学上看来的见解。讲的是内部的机能。身体各部平衡发达的，其机能大多完全。但也有两者不相一致的。从来对于体育的见解以为单注意于筋肉骨骼，运动诸系统的机能自会强健起来。其实运动诸系统过度发达，而内脏、神经等诸系统不能与之相应，非但无益，反而有害。所以筋肉骨骼的运动系统一方面要与内脏诸系统相适应，他方面要能服从神经系统的命令。

第三是从心理学上身心一致之说看来的见解。动作机敏就是筋骨服从意志的命令，动作正确而且迅速。假若不服从意志的命令，或虽服从而结果致误的，不能算作正确的动作。又对于意志的命令实行很缓慢的，不能算作迅速的动作。动作耐久就是动作时间的持续。筋肉服从了意志的命令之后，虽遇困难，亦不顿挫，这才算能耐久。精神快活就是时常勇气勃勃的意思。精神刚毅就是孟子所谓贫贱不移、富贵不淫、威武不屈的意思。

第四是从社会学上看来的见解。上面三项要旨是单从个人方面说的。但生而为人，除个人心身健全而外，还须有对社会守规律尚协同的习惯。这种习惯在群集运动中养成，最为便利。结果无处不守规律，无事不尚协同，便是文化社会里健全的一员。于是体育的最终的目的也就达到了。

三　体育的根本原理

体育所依据的根本原理，第一是人体脏器的三大本能：（1）能动性发达的本能。人体脏器适当地使用它时，不但形态肥大，机能也会向上发达。（2）不动性萎缩的本能。人体脏器不去使用它时，不但形态瘦小，机能也会逐渐退化。（3）过动性萎缩的本能。人体脏器过度地使用它时，形态也会瘦小，机能也会退化。车夫的腿部，铁匠的手臂，是（1）的例子。深闺里的小姐身体瘦弱，是（2）的例子。工场里终日劳动的工人身体也不健康，是（3）的例子。体育所依据的根本原理，第二是人体脏器连锁关系的原理。人体各种脏器不能单独运作，彼此有连锁的关系。换言之，各脏器是有机的组织，有一种脏器发生障碍时，其他脏器也感不快，不能好好地工作，犹如机械上有一个齿轮生锈时，全部的机械便将停止一样。如果不顾上面所讲的根本原理，体育的目的就达不到。并且，就这些根本原理看起来，那么社会上所流行的单发达筋肉的壮强术，以及单顾到肺的呼吸法之类，似乎无甚意义。又据实验心理学，精神作用为大脑的机能，与消化为胃的机能，吸收为肠的机能，呼吸为肺的机能，循环为心的机能同一理由。那么"健全的精神寄宿于健全的身体"的格言更见确切不移了。

四　学习方法

无论是谁都希望体格好。但是有些人把体格的好坏归到遗传上去，不相信体育可以把体格改造过来。他们的身体像野生的草木一样，发展与萎缩一任自然。其实人们的身体没有不能用体育改造的。据一般学者的意见，二十五岁以下的青年正当生长时期，要改造体格比较容易。过了这时期，改造体格当然也能见效，但比较困难了。中学生诸君，你们现在正在生长时期中，所以人人有希望能有健全的体格。如果不早努力，任大好时机蹉跎过去，真是万分可惜的事。从事体育不可随便乱来，必须研究其中的道理。否则只是江湖卖技者那样玩些要钱不要命的把戏而已，并不足贵。即如以上所说的根本原理，我们必须小心遵从。如果身体已觉疲劳了，而仍旧做激烈运动，那就忽略了过动性萎缩的原理，结果是自己吃亏。要避免这种弊病，须讲求体育的方法。体育的方法可分为两方面，一是身体运动，二是卫生。卫生是衣食住行方面关于身体养护的事情。在身体健康上，卫生与身体运动好像鸟之双翼、车之两轮，相辅而行，不可缺一。但在这篇文字中不能多讲，只得总括起来说，我们的生活要起居有节，饮食有度，精力集中，常抱乐观，就此一笔表过不提。

身体运动的种类很多。学校里的分为三种。

第一种：自由运动　游戏、散步、旅行及其他随意的运动。

第二种：规则运动　体操、兵式及其他有规则的运动。

第三种：技术运动　田径赛、国术、各种球艺及其他以技术为主的运动。

以上所说三种运动，可包含教育部所规定（无论高中初中）的七项教材。那七项教材是：（甲）游戏活动；（乙）天演活动；（丙）护身的技能；（丁）自试活动；（戊）韵律活动；（己）野外活动；（庚）个人体操。第一种包含（甲）（己）二项，第二种包含（戊）（庚）二项，第三种包含（乙）（丙）（丁）三项。在这些种类项目中，材料极多，范围极广，绝不是数千言的一篇文字所能说尽的。于是我决意，对于第一种自由运动只好不讲，对于第二种规则运动，单讲一点关于个人体操的话，而对于第三种技术运动，也只得留下来待他日有机会再讲。这种截断众流的武断处置，实在是不得已的办法。希望聪明的中学生诸君能够举一反三，闻一知十，庶几可以减轻我的歉意。

学习不宜偏颇

体育的方法虽多，但不出上述三种。第一种是不假人为的自然活动，第二种是人为的系统的矫正动作，第三种是训练特殊技能的运动。这三种运动方法各有其长处，也各有其缺点，要把三种运动互相联络，使彼此补助，方才能达到整个儿的体育的目的。假若有所偏颇，便致弊病；如专重体操则意志拘束，缺乏活泼气象，身体虽然平均整齐，未免有呆板的缺点；或者专尚游戏与竞技，则意志虽然自由，行动虽然活泼，但身体成为畸形的发达，没有平衡的姿势，也属憾事。二者之间，后者的弊病尤易犯，因为个人过分地学习体操是少有的，而偏好游戏与竞技却是常见的事。这须得特别注意。要知体操虽似枯燥无味，但能为游戏竞技向上的辅助，能矫正身体不平衡的缺点；尤其是我国人，身体向来欠缺矫正功夫，从事游戏竞技只随兴之所至的，体操更不宜疏忽。

三个顺序

运动的方法至多，但必须依着三个顺序，庶不害及身体。这三个顺序是操练身体的三个阶段，那当然只是便宜上的划分而已。

一　准备运动

二　主要运动

三　整理运动

准备运动是主要运动以前的运动，是达到运动目的的一种准备。对于身体方面，在鼓动循环、促进呼吸等，对于精神方面，在觉醒注意力、调练反应的敏捷正确等。准备运动总是极和平的。无论何种方式的运动，当开始的时候，切忌即做激烈运动。主要运动是规定时间内主脑部分的运动。无论学习何种方式的运动，总要把它的特色尽量发挥，使身体的操练能力发挥到最大限度。整理运动是经过了激烈的主要运动以后，使身体恢复常态的运动。材料可与准备运动一样。当运动收尾的时候，也忌做激烈运动，须要和平地收束。如果开始即行激烈运动，或者激烈运动以后即刻停止，对于身心都是有害的。这三个顺序是必然的阶段，不能不依从。以下就简单地讲体操的学习法。

体　操

体育是关于身体的养护与锻炼的一切过程的总名，内包各种教材，体操是其中之一。有些人对于体操怀疑，或者排斥它的呆板。其实体操是好的，行之不得，当没有得到体操的利益，就对体操本身也不相信起来，这是愚蠢的事。体操的利益很多，略举如下：（1）矫正身体，使其发育平均。（2）练习的方法是有系统的、有组织的、循序渐进的、合乎生理的发育原理。（3）体操是一种人工，于锻炼身体有特殊的目的，故可收莫大的效益。（4）锻炼身体注重于姿势，使达于充分的优美。（5）不致发生意外的危险。（6）平时关节与筋肉的屈伸总是很轻便的，只有体操时屈到极端，伸到极端，使关节与筋肉的应用领域扩大。体操之所以受人指摘，因其于生理上虽有十分的发展，然而缺乏心理上的愉快。故近来的体操日趋于活泼的一途，于矫正身体的过程中仍寓有愉快之意，使心身两收其效。

　　立正　体操最重姿势，姿势是我们身体占有空间位置的一种状态。姿势若合乎正常，于我们健康上有莫大的好处。体操最基本的姿势莫如立正，现在先讲立正。立正的姿势分作两种，一为天然的直立的正常姿势，二为应用的体操的立正姿势。天然姿势又称为生理的姿势，先说明之。从耳珠前的假设点作A垂线，经过大腿骨的大转子T，外上踝M，外踝D，下垂至C点，TMD三点同在一垂直线上，重心落于外踝，这是一种正直的姿势。这种姿势虽少努力，但没有生理的阻障，故是良好的姿势。然作为体操时立正的姿势则稍嫌不安定，不但抵抗力少，且做

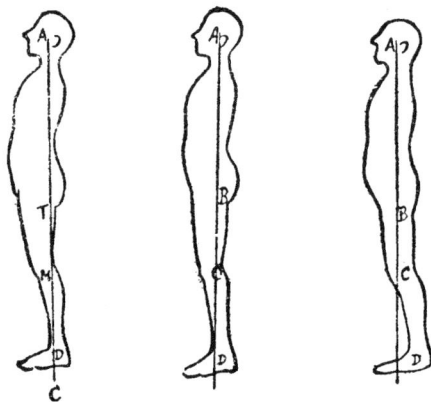

第二次的动作时，在突兀中，不能充分发挥运动的效率。因此体操的立正姿势不得不稍加努力，使能发挥充分的效率，应付急速的动作。请看附图。（1）从假设点 A 作垂直线通过 BCD 三点之前，重心落于足之中央，即 $\frac{1}{2}$ 处。（2）从假设点 A 作垂直线通过 BCD 三点之前，重心落于足前 $\frac{1}{3}$ 之处。如无人矫正时，可面壁而立，足尖鼻尖胸腔着壁，腹及膝约后两寸，这是立正的理想姿势。还有附带的条件：（1）两踵密着于一线上；（2）两足约开九十度，至少六十度；（3）两膝伸直；（4）上体着落在腰部；（5）脊柱正直伸长，颈椎尤须正直；（6）两肩稍向后方，左右匀称；（7）头正，口闭；（8）面现意志充实感情愉快的神色。

（A）下肢运动　下肢运动的目的是：（1）下肢及腰部的筋肉与骨骼的强健；（2）下肢诸关节的运动自由；（3）血液循环的良好；（4）全身器官的机能向上。其运动方法请看附图。

第一节　举踵半屈膝臂向上举运动

一　举踵臂侧举

二　膝半屈臂上举

三　伸膝臂侧下

（注意）动作要一齐，终了脚动比臂动稍早为佳。

第二节　足侧出举踵臂上下伸的运动

一　左足侧出屈臂

二　举踵臂上伸

三　踵下臂屈

四　足臂归元（右足侧出屈臂同）

（B）胸部运动　胸部运动的目的是：（1）使胸廓为正常的扩张；（2）增加呼吸力；（3）健全肺部；（4）矫正背椎，预防形成驼背。其运动的方法是胸部向后方屈，身体的重心移于心前，这时候腹前出，但腰不前屈，如附图所示。

（C）悬垂运动　悬垂运动的目的是：（1）上肢与肩的筋肉锻炼；（2）伸直背柱，矫正猫背姿势；（3）使胸廓正常地发达；

（4）运动全身诸器官；（5）锻炼意志。其运动的方法是两侧悬垂，臂平屈，如附图所示。

（D）平衡运动　平衡运动的目的是：（1）平衡保持的能力；（2）姿势正齐；（3）使动作优美而且轻快。其运动的方法是屈膝，举股脚前伸，如附图所示。

（E）体侧运动　体侧运动的目的是：（1）预防胸椎腰椎左右弯曲；（2）锻炼斜腹筋，保护内脏；（3）助胸廓的正常发达；（4）强健肠胃。其运动的方法是单臂侧开，体侧转，如附图所示。

（F）腹部运动　腹部运动的目的是：（1）强健直腹筋；（2）增加腹力。其运动的方法是双手在腰，体后倒，如附图所示。

（G）背部运动　背部运动的目的是：（1）强健背筋；（2）完成良好的姿势。其运动的方法是双手前举，体向前倒，如附图所示。

（H）跳跃运动　跳跃运动的目的是：（1）使运动影响全身；（2）锻炼下肢及腰部；（3）旺盛血液循环，并使全体脏器健全；

（4）达到迅速平衡运动的目的；（5）养成跳跃的能力。其运动的方法是臂向前振，向前跳跃，如附图所示。

（I）呼吸运动　呼吸运动的目的是：（1）调练呼吸器；（2）锻炼胃腹；（3）供给养气，恢复四体与精神的疲劳。

五　结　论

我要说一句似乎偏激的话，一个中学生对于各学科具有相当程度的了解，而对于体育如果全无兴趣，毫不理会，就失去了他自己的幸福，也可以说抛弃了他自己的权利。那么，中学生对于体育要怎样才对呢？据我的意思，至少要兼顾下列三项。

关于体育的知识

中学生不是专研究体育的，高深的学理与专门的名词只好存而不论。但关于体育的普通名词却不能不晓得，不晓得这些，就连读新闻的资格都没有了，因为新闻里常常有关于体育的消息登载着的。其次，对于体操、游戏、竞技、教练、球类、田径赛等虽不是件件皆精的能手，但至少要知道它们的特质、妙处以及缺点，并能欣赏其姿势的正确、动作的优美；更能将自己的程度与别人比较，明白自己的体重、身长与标准相差的百分数。这样，自然不会看见踢高球拼命叫好，说百米的记录是六秒，也不会相信世间有使用甲马的神行太保，太湖强盗水上行走如履平地，挺身一跃，可以飞上屋檐等的事情。至于一般概念，更属重要。知道脑髓不过人体官能之一，即可以断定神鬼之有无。知道身体的构造及机能的底细，即可以明白旧医五行生克说的谬妄。知道美感是不同于实感的，即可以欣赏裸体。知道身体原有抵抗疾病的力量，即可以明白医生并不是万能的上帝。知道动就是生命，即可以明白宴安鸩毒是趋于灭亡的道路。这些是最低限度的概念，中学生无论如何要了解的。

关于体育技能

体育技能的范围非常广泛，一个人殊难件件皆精。一般中学生对于体育技能往往袖手旁观，取欣赏的态度，不肯参加进去运动。这是不妥当的。看了名人的书画，听了大家的音乐，虽然击节称妙，到底还是隔膜一层。若自己动手来书，来画，来弹奏，那就感得创造的快感，比单看单听更有趣味，参加运动也是这样的道理。中学生诸君，你们切不可相信命定论，自以为生来如此，对于运动没有学习的可能。其实哪有这回事？各国参加世界运动会的名选手，绝不是全由于天赋独厚，多半是经过人为的训练的。他们练成一种技能往往历十年之久。我们虽不必用这样的苦功，但普通人所能够的技能，我们应该学习一些。更有一点可注意的，就是过了中学时代，要想练习一种技能，其进步就此较地缓慢了。中学毕业时，至少要能做十种以上的游戏；要能达到田径赛的最低标准；要能操十节姿势正确的体操；入水时要不至像铁锤一样，须有一英里的游泳程度；遇着球类竞技要能不逃避，至少可以相当对付。

关于健康状态

身体健康是幸福的泉源。身体健康的人对事物常觉得愉快，绝不会唉声叹气。个人心情不愉快的时候就是他身体不健康的时候，对于健康，一般人往往误会，以为没有疾病就是健康。其实单单没有疾病而不加上积极的条件，仍不能算健康。所谓健康的身体，从外部观看，须要各部位发达，平均对称，筋骨都有力量，都有弹性，合人看时会起一种美感；更从内部检查，须要各种脏器都健全，有向上的机能，与外部形态相调和，绝无不相配的地方；血液盛旺，呼吸健全，消化强壮，排泄灵便，感觉机敏。又因身体健全，意志也从而坚强，一切害及身心社会的嗜好全不沾染。故身体的健全，不仅是体育问题，且是智育德育一切问题的基础呢。

中学生正当青年时期，将来的发展在那一方面现在还不能知。但无论向那方面发展，总须以健康为基础。这健康的基础，赶快趁现在这时代建筑坚固了，这就不怕将来风雨的摇动。望中学生诸君宝贵并利用现在这青年时代！祝诸君健康！

阅读反馈

　　顶尖经验，娓娓道来，优秀的人往往善于总结，结合书中的篇目，你可以总结出自己的"独家学习法"吗？

　　本书所收录的周予同和程祥荣两位先生的文章，极具启蒙意义，使几代中国读者从中受益。本书版权联系过程中得到了众多朋友的热情帮助和大力支持，但经多方努力寻找，尚未能联系到版权所有人。诚挚期待两位先生著作的版权所有人与我们联系，经核实后，将按国家规定标准支付稿酬并赠送样书。

　　联 系 人：韩　喆

　　联系邮箱：307513985@qq.com